全国旅游中等职业教育教材

国家旅游局人事劳动教育司 编

旅游服务礼貌礼节
（第6版）

旅游教育出版社
·北京·

责任编辑：果凤双

图书在版编目(CIP)数据

旅游服务礼貌礼节／国家旅游局人事劳动教育司编. -- 6 版. -- 北京：旅游教育出版社，2018.5
ISBN 978-7-5637-3725-3

Ⅰ.①旅… Ⅱ.①国… Ⅲ.①旅游服务—礼仪—中等专业学校—教材 Ⅳ.①F590.63

中国版本图书馆 CIP 数据核字(2018)第 082157 号

旅游服务礼貌礼节
（第 6 版）
国家旅游局人事劳动教育司　编

出版单位	旅游教育出版社
地　　址	北京市朝阳区定福庄南里 1 号
邮　　编	100024
发行电话	(010)65778403 65728372 65767462(传真)
本社网址	www.tepcb.com
E-mail	tepfx@163.com
排版单位	北京旅教文化传播有限公司
印刷单位	北京柏力行彩印有限公司
经销单位	新华书店
开　　本	787 毫米×1092 毫米　1/16
印　　张	8.375
字　　数	162 千字
版　　次	2018 年 5 月第 6 版
印　　次	2018 年 5 月第 1 次印刷
定　　价	19.00 元

（图书如有装订差错请与发行部联系）

审定专家

刘 伟

黄玉璟

出版说明

为适应旅游中等职业教育的需要，国家旅游局人事劳动教育司根据旅游中等职业学校的课程设置和教学大纲，组织业内专家编写了这套全国旅游中等职业教育教材。该教材自1994年出版以来，受到广大师生的普遍欢迎，对我国旅游中等职业教育的发展起了重要作用。迄今为止，该教材已成为出版时间最早、使用范围最广的国家旅游中等职业教育骨干教材。

为了进一步适应旅游专业的发展要求，提高教材质量，反映旅游业的最新发展状况和旅游职业教育研究的最新成果，我们组织有关专家根据教育部、国家旅游局对旅游职业教育的学科规划和行业要求，对该套教材进行了必要的修订增补，以确保国家骨干教材应有的科学性、先进性，充分反映国家职业教育改革的新精神、新要求，满足21世纪旅游业的人才需求。

此次修订，一是根据教育部与国家旅游局关于旅游中等职业教育的课程设置、教学大纲与教学计划，结合劳动部关于旅游职业技能鉴定标准的要求，吸收国外职业教育的成果与经验，按课程设置和课程标准的要求，对每科教材的课程性质、适用范围、教学重点、教学方法、教学时数、考核评估等进行了认真研究。新版教材正确把握了课程设置与教材编写的关系，从课程标准的角度把旅游业对人才的具体要求与旅游职业教育教材的具体编写有机结合起来，既体现了教材紧贴行业实际的针对性、实用性，又体现了教材的科学性、规范性，使可教授性与可学习性得到有机的统一，全面反映了现代职业教育教材应有的教育理念。二是在教材的具体修订中，我们根据旅游业的发展需要和旅游职业教育的课程设置与教学要求，组织有关专家编写增补了近年来旅游发展的行业新内容，使教材体系更完整、更科学。三是在保持原教材科学性、权威性的基础上，本次修订特别注意了中等职业学生的学科基础与未来职业要求，重点强调了教材的实用性。在原版教材科学性的基础上，本版教材强调了教与学、学与用的关系，加大了技能技巧、实际应对、操作标准、模拟训练等内容的比重，使之既能体现课程要求和行业特点，又符合国家职业技能标准的要求。四是在内容安排上，适当精简了部分内容，即将原版教材中既占课时又不便于教学的内容，或删减或置于附录，便于教师灵活运用和利于学生分清主次。五是针对旅游学科实践性强的特点，本版教材特别注意增补了一些案例，目的是强化案例教学的作用。六是为方便教师教学和学生学习，还增设了学习重点、案例分析、本章小结、中英文对照规范服务用语等栏目，旨在让读者花最少的时间掌握最有用的信息。

为深入贯彻《中共中央国务院关于大力推进职业教育改革与发展的决定》中关于职业教育课程和教材建设的总体要求，进一步落实教育部等七部门《关于进一步加强职业教育工作的若干意见》，我社对全国旅游中等职业教育教材进行了重新梳理，旨在积极推进教材改革，开发和编写具有职业教育特色的教学改革试验教材。

教改试验教材将以学生为中心、以能力为本位、以就业为导向，全面推进素质教育，重点培养学生的职业能力，使学生获得继续学习的能力，能够考取相关技术等级证书或职业资格证书,为旅游业的繁荣和发展输送学以致用、爱岗敬业、脚踏实地的高素质劳动者。

教改试验教材将贯彻如下职业教育理念:

1. 职业教育性。渗透职业道德和职业意识教育;体现就业导向,有助于学生树立正确的择业观;培养学生爱岗敬业、团队精神和创业精神;树立安全意识和环保意识。

2. 内容先进性。注意用新观点、新思想来审视、阐述经典内容;适应经济社会发展和科技进步的需要,及时更新教学内容,反映新知识、新技术、新工艺、新方法。

3. 教学适用性。教学内容符合专业培养目标和课程教学基本要求;取材合理,分量合适,符合"少而精"原则;深浅适度,符合学生的实际水平;与相邻课程相互衔接,避免不必要的交叉重复。

4. 知识实用性。体现以职业能力为本位,以应用为核心,以"必需、够用"为度;紧密联系生活、生产实际;加强教学针对性,与相应的职业资格标准相互衔接。

5. 结构合理性。教材的体系设计合理,循序渐进,符合学生心理特征和认知、技能养成规律;结构、体例新颖,有利于体现教师的主导性和学生的主体性;适应先进的教学方法和手段的运用。

6. 使用灵活性。体现教学内容弹性化,教学要求层次化,教材结构模块化;有利于按需施教,因材施教。

作为全国唯一的旅游教育出版社,我们有责任及时反映旅游业发展的新要求和旅游专业教育的新理念、新成果,把专业权威的教材奉献给广大读者。为此,我们将不断努力,回报广大师生和读者对我们的厚爱!

旅游教育出版社

目录

绪论 ·· (1)

第1章 礼貌礼节礼仪概述 ·· (4)
学习重点 ·· (4)
第一节 礼貌、礼节、礼仪的概念 ·· (4)
第二节 人际交往中需遵循的礼仪的基本准则 ···························· (6)
本章小结 ·· (8)
思考与练习 ·· (8)

第2章 仪表、仪容、仪态 ··· (9)
学习重点 ·· (9)
第一节 仪表仪容 ·· (9)
第二节 仪态 ··· (11)
第三节 如何改善个人的仪表仪容仪态 ···································· (14)
本章小结 ·· (18)
思考与练习 ·· (18)

第3章 礼貌服务用语 ·· (19)
学习重点 ·· (19)
第一节 礼貌服务用语概述 ·· (19)
第二节 礼貌服务用语的基本特点 ·· (20)
第三节 礼貌服务用语的正确使用 ·· (22)
第四节 "十字"礼貌用语的运用要点 ·· (26)
本章小结 ·· (29)
思考与练习 ·· (29)

第4章 日常接待服务礼节 ·· (30)
学习重点 ·· (30)
第一节 体现在语言上的礼节 ·· (30)
第二节 体现在行为举止上的礼节 ·· (32)
第三节 礼节禁忌 ·· (34)
本章小结 ·· (39)
思考与练习 ·· (39)

第5章 旅游接待服务礼仪规范 ·· (40)
学习重点 ·· (40)
第一节 饭店前厅接待服务人员的工作礼仪规范 ···················· (40)

第二节　饭店客房接待服务人员的工作礼仪规范 …………………… (47)
　　第三节　饭店餐厅接待服务人员的工作礼仪规范 …………………… (49)
　　第四节　饭店酒吧接待服务人员的工作礼仪规范 …………………… (52)
　　第五节　饭店商场接待服务人员的工作礼仪规范 …………………… (53)
　　第六节　饭店电话总机话务人员的工作礼仪规范 …………………… (54)
　　第七节　饭店康乐接待服务人员的工作礼仪规范 …………………… (55)
　　第八节　饭店安全保卫人员的工作礼仪规范 ………………………… (56)
　　第九节　饭店工程维修人员的工作礼仪规范 ………………………… (57)
　　第十节　饭店其他部门员工的工作礼仪规范 ………………………… (58)
　　第十一节　旅行社业务咨询和营销人员的工作礼仪规范 …………… (58)
　　第十二节　旅社行导游人员的工作礼仪规范 ………………………… (59)
　　本章小结 ………………………………………………………………… (60)
　　思考与练习 ……………………………………………………………… (60)

第6章　我国主要客源国和地区的习俗和礼节 …………………… (62)
　　学习重点 ………………………………………………………………… (62)
　　第一节　亚洲国家和地区 ……………………………………………… (62)
　　第二节　北美洲国家 …………………………………………………… (69)
　　第三节　欧洲国家 ……………………………………………………… (71)
　　第四节　大洋洲国家 …………………………………………………… (75)
　　第五节　非洲国家和拉丁美洲国家 …………………………………… (76)
　　本章小结 ………………………………………………………………… (78)
　　思考与练习 ……………………………………………………………… (78)

第7章　我国主要少数民族的习俗和礼节 ………………………… (79)
　　学习重点 ………………………………………………………………… (79)
　　第一节　主要分布在北方地区的少数民族 …………………………… (79)
　　第二节　主要分布在西南地区的少数民族 …………………………… (82)
　　本章小结 ………………………………………………………………… (86)
　　思考与练习 ……………………………………………………………… (86)

第8章　国际交往接待礼仪常识 …………………………………… (87)
　　学习重点 ………………………………………………………………… (87)
　　第一节　接待准备 ……………………………………………………… (87)
　　第二节　迎送宾客 ……………………………………………………… (88)
　　第三节　会见会谈及场所布置 ………………………………………… (89)
　　第四节　宴请 …………………………………………………………… (92)
　　第五节　两种常见的仪式 ……………………………………………… (99)
　　第六节　礼宾次序和国旗悬挂法 ……………………………………… (102)
　　本章小结 ………………………………………………………………… (104)
　　思考与练习 ……………………………………………………………… (104)

第9章　三大宗教礼仪常识 ………………………………………（105）
　学习重点 ……………………………………………………………（105）
　第一节　佛教礼仪 …………………………………………………（105）
　第二节　基督教礼仪 ………………………………………………（108）
　第三节　伊斯兰教礼仪 ……………………………………………（111）
　本章小结 ……………………………………………………………（113）
　思考与练习 …………………………………………………………（114）
附录一　领带的系法示意图 ………………………………………（115）
附录二　旅游企业员工仪容仪表规范示意图 ……………………（116）
附录三　（汉英对照）常用礼貌用语及相关句式 ………………（118）
后记 …………………………………………………………………（123）

绪　论

在 21 世纪的今天,世界各国尽管社会制度各不相同,但都提倡文明礼貌。在人际交往中,都很讲究礼仪。这已成为一个国家或民族文明程度的重要标志,也是衡量人们有无教养和道德水准高低的尺度。

在世界民族之林中,具有五千年文明历史的中华民族,素有"礼仪之邦"的美称,早在周代已开始形成一套完善的礼仪制度。古代的传统美德,迄今仍有许多备受推崇。历代许多有关"礼"的论述广为流传,并被引为指导人们道德行为的座右铭,如"相敬如宾""礼尚往来""己所不欲,勿施于人",等等。我国古代著名的思想家孔子"上交不谄,下交不渎"的名言就是教导人们在日常人际交往中,既不要低声下气、献媚邀宠,也不要趾高气扬、傲慢无理。在《礼记》一文中孔子还讲过"不失足于人,不失色于人,不失口于人",即提醒人们注意在行为、态度和言论上不要失礼。过去常说的"温良恭俭让",即指做人要温和、善良、恭敬、节俭、忍让,都是与"礼"有关的行为准则。虽然这些礼貌行为规范产生于封建社会,但以历史唯物主义的观点来分析,我们还是应该实事求是地承认,其中的不少礼貌行为规范,至今仍有可供借鉴的现实意义。古代的传统美德是中华民族文化的精华,应该得到继承和发扬,至于那些带有封建迷信色彩的糟粕,我们则必须毫不犹豫地予以摒弃。

在改革开放的新时代,人与人之间要建立相互尊重、平等友爱、互相合作的和谐关系,就需要人人讲文明礼貌。早在 20 世纪 80 年代前后,在全国范围内广泛深入开展的"五讲""四美"活动,就旨在引导人们养成文明礼貌的好习惯,形成良好的社会风尚,使社会安定团结。这样,人们在劳动、学习、生活中所产生的矛盾就可以妥善解决。反之,在社会生活中,如果缺乏提倡文明礼貌的气氛,那就无法改变尚存的不良社会风气,各种不文明、不礼貌的言行举止还会影响到对年轻一代的培养。

旅游业是礼貌服务行业,对广大从业人员和即将走上服务岗位的新员工进行文明礼貌教育,不仅是培养文明公民的需要,更是职业的基本要求。自实行改革开放政策以来,我国的旅游事业获得了前所未有的蓬勃发展,来华洽谈贸易和观光游览的各国外宾、外籍华人、华侨和台、港、澳同胞日益增多。无疑,我们要在旅游接待服务工作岗位上发扬我们中华民族讲究文明礼貌的优良传统,展现出中国人民的文化素养和精神风貌,适应和满足世界各国不同肤色、不同阶层旅游者在礼仪服务方面的要求,维护我国旅游业的声誉,自然应该从提高自身道德修养的需要和事业的要求两方面来加深对讲究礼貌礼节礼仪、提倡文明服务的认识,通过认真学习这方面的基本常识,并且努力在实践中加以应用,使自己真正成为旅游业的合格人才。本教材就是以此为出发点而编写的。

为了适应旅游中等专业学校饭店服务与管理专业和导游专业的教学要求,同时也为了适应旅游接待服务工作各工种岗位的实际需要,本书较为全面系统地介绍了有关礼貌礼节礼仪的基本概念、行为规范,以及与接待服务工作相关的其他基本常识,着重在实用性上突出必须掌握的主要内容。除在绪论中概述了学习本课程的重要意义、内容和方法之外,其他九个章节的主要内容为：

第 1 章着重阐明礼貌礼节礼仪的基本概念以及人际交往中需遵循的礼仪的基本准则，深入浅出地把如何做一个有教养的人与之有机地联系起来。弄懂这些道理，也就有利于我们自觉养成礼貌待人的良好习惯，同时又提高了我们与人交往的正确意识与能力。

第 2 章讲的是与礼貌礼节礼仪表现形式密切相关的仪表、仪容和仪态。通过明确一些基本概念和意义，提出了注重个人仪表仪容和仪态的基本要求。此外，在本章中还针对常见的不文明行为，指出了克服不良习惯是改善个人仪表仪容和仪态的必要前提，同时又介绍了养成良好习惯的一些有效方法。根据工作岗位的实际需要，对美容化妆也作了简明叙述，供读者在实践中参考。

第 3 章论述了礼貌服务用语，从概述、特点和使用三个方面，阐述了掌握礼貌用语与旅游接待服务的密切关系，并归纳了如何正确使用礼貌服务用语的八项注意，便于记忆和运用。

以上三章的内容特点是侧重从理论上解决认识问题和树立正确观念，然后再从实践上以形象、具体的实例，加以深化讲解。而第 4、5 两章则有另一种特点：这两章的内容都是从实际工作中总结出来的规范，要求我们在熟悉这些具体要求后能付诸实践，这也是本课程的重点。

第 4 章中，前两节分别对礼节在语言上和行为举止上的表现形式和要求作了讲解；后一节接着点明了礼节上的禁忌。这样就从正反两方面把恰当运用礼节的要点进行了归纳。

第 5 章的内容来自于旅游接待服务工作的实践，具有很强的可操作性，目的在于了解并熟练掌握旅游企业前台各部门各工种岗位所需通晓的礼仪规范，突出了它的实用性。

为了使旅游接待服务工作人员能够更为广泛地熟知与本职工作相关的常识，该书在第 6、7、8、9 章中，先后介绍了我国主要客源国和地区人民、我国主要少数民族的习俗礼节，以及在完成重大外事接待工作中应了解的国际交往接待礼仪基本知识和世界三大宗教的基本常识。这些基本常识将有助于我们开阔视野，增强工作的适应性。

综上所述，本课程的内容着意要求我们通过了解人际交往和旅游接待服务工作中的礼貌礼节礼仪常识，学会并掌握旅游接待服务工作中所需的礼貌服务用语、基本礼节以及礼仪规范，培养人际交往的能力，养成礼貌待客的良好习惯。

要学好旅游接待服务礼仪，最重要的是必须做到理论知识与实践活动相结合，学以致用，这是唯一有效的学习方法。成功的教学经验证明，只有把有关旅游接待服务礼仪方面的各种常识和与之相应的行为规范融会贯通在旅游企业各工种岗位的实际需要上，才能真正达到教学目的。为此，在学习中要做到：

1. 学习旅游接待服务礼貌礼节礼仪要与日常习惯的养成教育相结合，培养职业习惯要从平时的行为规范做起，严格要求、持之以恒才能收到良好的效果。就拿养成礼貌待人的习惯来说，首先要有平等待人、尊重他人的思想，不论在家对待父母、兄弟姐妹，还是在外对待朋友、同学、同事或其他不相识的人都应以礼相待、友好相处。不要对亲者热情、尊重，对疏者冷淡、蔑视。礼貌似乎是外表的东西，但实际上是和思想意识密切联系的。我们社会提倡礼貌要建立在人与人相互平等、互相尊重的基础上。只有尊重别人，才会时时注意对别人讲礼貌；只有尊重别人，才会受到别人的尊重。

2. 学习旅游接待服务礼貌礼节礼仪要与培养个人的文明卫生习惯相结合，从生活中点点点滴滴的小事做起,克服不良习惯,决不马虎。就拿仪表、仪容和仪态来说,衣着要整洁,勤洗勤换;面容要修饰,常洗头、理发、勤刮胡须;举止要文明大方、彬彬有礼,等等。个人仪表、仪容和仪态上的不周,是对别人不尊重的表现,也是缺乏教养的行为。要知道个人形象不佳还会影响到集体的声誉。因此,从我做起,从琐碎的小事做起,不要疏忽,别怕麻烦。只要有意识地主动克服这些不良习惯,久而久之,就会养成文明卫生的良好习惯。

3. 学习旅游接待服务礼貌礼节礼仪要与语言文明相结合,注意说话使用敬语,决不要固执地认为说粗话、脏话无伤大雅。要知道,不论从事何种职业都不该粗言粗语,何况从事旅游接待服务工作,怎么可以毫无约束呢? 要改正语言上的陋习也不是轻而易举、一蹴而就的事,但是只要有讲文明的意识,愿意接受别人的指正,养成良好的礼貌用语习惯也是指日可待的。

4. 学习旅游接待服务礼貌礼节礼仪要与旅游接待服务工作的内容相结合,从现在起就应该养成职业礼貌习惯。不要错误地认为,到走上岗位的时候自己自然会讲究礼貌礼节礼仪的,到时候自己会按服务规范操作的。俗话说,"习惯成自然",现在不开始养成良好正确的礼貌习惯,"到时候能……"从何说起呢? 课本中介绍的旅游企业前台各部门接待服务人员的礼仪规范,是从旅游接待服务的实践中归纳总结出来的基本要求,在课堂教学和工作实习过程中,我们应珍惜宝贵的时间去实践、去理解,全面地掌握各项具体要求,争取在培训阶段就能做到对礼仪规范了如指掌、运用自如。

5. 学习旅游接待服务礼貌礼节礼仪还要熟悉我国主要客源国和地区及我国主要少数民族的习俗礼节知识、国际交往接待礼仪常识,以及三大宗教礼仪常识等有关业务知识。学习这些知识是提高从业人员自身素质的需要,是开阔视野、改善服务质量的需要,是适应面向 21 世纪的中国旅游业发展的需要。后四章的内容虽不像前五章具体、形象、操作性强,但包含的内容多、知识面广。我们要认识到这些常识对丰富我们的知识,提高和完善从业素质,提高礼貌服务质量有着潜在的益处。

6. 学习旅游接待服务礼貌礼节礼仪要与自己的学习态度相结合。任何学科的学习都有学习态度问题,不要简单地以喜欢与不喜欢来区别对待。今天我们在学校里所学的每一学科都是今后工作上需要的基础知识和基本技能。严格来说,并没有主次之分。因此,不要人为地厚此薄彼。正确的态度应是明确自己学习的目的,仔仔细细地听讲,认认真真地模仿,端端正正地做作业,老老实实地去实践。有了这样的学习态度和方法,才能全面掌握旅游接待服务礼仪。

第 1 章　礼貌礼节礼仪概述

学习重点
- 礼貌、礼节、礼仪的基本概念及三者之间的相互关系
- 讲究礼貌礼节、注重礼仪需加强文明修养
- 人际交往中需遵循的八项礼仪基本准则

要想养成礼貌待人的良好习惯,培养正确意识,并提高我们与人交往的能力,首先要明确礼貌、礼节、礼仪的基本概念及人际交往中需遵循的礼仪的基本准则。本章即着眼于从理论上解决这些问题,以帮助读者树立正确的观念。

第一节　礼貌、礼节、礼仪的概念

一、礼貌的概念

礼貌是人际交往中,相互表示敬重和友好的行为,它体现了时代的风尚与人们的道德品质,体现了人们的文化层次和文明程度。礼貌是一个人在待人接物时的外在表现,这种表现是通过仪表、仪容、仪态以及语言和动作来体现的。在日常生活中,我们可以看到凡讲礼貌的人往往待人谦恭、大方热情,其行为举止显得很有教养。相反,如果一个人衣冠不整、出言不逊、动作粗鲁、傲气十足,那么肯定是没有礼貌的。

如同做任何其他事情一样,讲礼貌也要有分寸,对旅游企业的员工来说,应该做到不卑不亢、落落大方,既不能失礼,又要讲原则。自己的言辞、行为决不给人以低声下气、人格低下的感觉。如果对宾客卑躬屈膝则会让人看不起,有损于人格、国格。我们对宾客进行礼貌服务的目的在于让他们感到虽然自己身处异国他乡,但仍然像在家里一样舒适,让他们感到中国各族人民是热情好客的,不愧为"礼仪之邦"的公民。

二、礼节的概念

礼节是人们在日常生活中,特别是在交际场合,相互问候、致意、祝愿、慰问以及给予必要协助和照料时惯用的形式。如我国古代盛行的作揖、跪拜,现代世界大多数国家通行的点头致意、握手,一些佛教国家的双手合十以及西方的拥抱、接吻、吻手等都属于礼节的各种形式。

各国、各民族都有自己的礼节,然而礼节也是随着时代的进步而发生变化的。例如当今行跪拜礼在我国已鲜为人见。又如,在世界各国交往中,人们对有些礼节互相借鉴融通。握手礼原是起源于西方国家的礼节,开始传入我国时也曾令许多人感到别扭,而今天已成为习以为常的礼节了。

三、礼仪的概念

礼仪是指礼节和仪式,其中的"仪式"就是指举行庆典的形式,这种形式往往需要按一

定的规格、规范和程序进行，不能恣意变更、省略、颠倒。人们所熟悉的各种庆典活动，如开国大典、外国首脑来访的迎送仪式、各种社会活动的开幕式，乃至学校的毕业典礼等均为礼仪形式的具体表现。

礼仪反映了社会的文明程度，同时还包含了社会道德和公民的行为规范准则。所以说，礼仪与人们的道德修养有着十分密切的关系。显然，礼仪维系着社会的稳定和发展，是人类物质文明和精神文明的体现。

四、礼貌、礼节、礼仪的相互关系

礼节是礼貌的具体表现，礼仪又涵盖了礼节的内容，所以说礼貌、礼节和礼仪三者之间的关系是相辅相成的，即它们相关但不相同，应予区别，不能混淆。事实上，有礼貌并不意味着就懂社交礼节。同样，即使熟知礼节的人也未必时时处处在讲礼貌。但是，要注重礼仪的话，则必须有礼貌、讲礼节，这是一个既简单又明确的辩证关系。所以，正确地认识礼貌、礼节和礼仪三者之间的关系，对即将走上旅游接待服务岗位和已经从事旅游行业工作的企业员工都是有益的，以讲礼貌、懂礼节、注重礼仪为起点，从根本上改善服务态度，提高服务质量，树立文明企业的良好形象，在旅游接待服务的窗口为中华民族增添光彩。当然，作为这一行业的全体员工也理应率先在有礼貌、讲礼节、注重礼仪方面为全社会做出榜样。因为在国内，我们是代表企业、代表整个行业；在国际上，我们则代表中华人民共和国，向五大洲的朋友展示我们中国人民的社会主义精神风貌。

五、礼貌、礼节、礼仪与文明修养

文明修养是指一个人在待人接物方面的素质和能力。文明修养并不是每个人天生具备的。在社交场合和接待服务工作岗位上，有的人待人接物彬彬有礼，诚恳自然；但有的人却态度生硬或矫揉造作，让人感到别扭，甚至自己毫无觉察，误把失礼的行为当成有礼之举。这就说明有的人文明修养好，有的人文明修养不够或根本缺乏文明修养。

有礼貌、讲礼节、注重礼仪是具有文明修养的具体体现。所以，旅游接待服务人员需要注重培养自身的文明修养，因为没有良好的文明修养是无法做到有礼貌、讲礼节和注重礼仪的。

社会道德要求人们的文明行为应出自内心，应是真诚的、表里如一的，这不是做表面文章，而是要通过具体的文明行为来表达对别人的尊重和诚意。所以说一个人是否能做到有礼貌、讲礼节、注重礼仪和他的文明修养程度有关。显然，没有很好的文明修养，是无法做好旅游接待服务工作的。

培养良好的文明修养可以通过以下途径来实现：第一，有德才会有礼，无德必定无礼，修礼宜先修德，即应在加强道德修养上下功夫。第二，自觉学习礼貌、礼节、礼仪方面的知识，使自己在这方面博闻多识。第三，广泛涉猎科学文化知识，用丰富的知识充实自己。第四，努力进行自我性情陶冶，纠正自己不文明的不良习气。第五，积极参加社交活动，在实践中养成文明的习惯。

对一个人来说，培养文明修养的过程，实际上是一个自觉提高自身整体素质的过程。虽然这不是一朝一夕的事，但是只要肯下功夫，就一定能逐步达到理想境界。

第二节　人际交往中需遵循的礼仪的基本准则

礼仪作为人类社会活动行为规范的形式和社交活动中需遵循的基本准则，是建立在社会道德标准基础上，并受道德观念支配和约束的。因此，在人际交往中人们应自觉遵循以下几项基本准则。

一、互尊互帮

互尊就是人与人之间要相互尊重；互帮就是人与人之间要互相帮助。

在人际交往中讲究礼貌礼节、注重礼仪是为了表达对别人的尊重。实际上，尊重应该是相互的，你尊重别人，别人自然也就尊重你；你不尊重别人，也就不会被他人尊重。不尊重别人是自私、不懂礼貌的表现，这样做也就无法在人际交往中取得成功。

互相尊重，在我国还应特别强调要尊重妇女。在西方一些国家，尊重妇女被看成是一种美德。而在我们国家由于受男尊女卑的传统旧思想影响，至今在某些场合、在某些人身上仍有不尊重妇女的现象存在，这是应该引起我们注意的，在旅游接待服务中必须予以杜绝。

旅游者在行、住、食、游、购、娱的过程中都怀有期待受尊重的心理，接待服务工作人员应自觉为旅游者提供优质的文明服务。只有服务文明，才能获得旅游者对你的尊重。即使那些鄙视服务工作的人，如果你尊重他，坚持为他文明服务，最终他也会不得不承认你所从事的工作的意义，而从心底里尊重你。

人生在世，谁都会遇到困难。遇到困难如能得到他人的帮助，是莫大的慰藉；而帮助别人的人自然也会受到别人的感激和尊敬。帮助别人是文明行为，它反映了一个人具有高尚的道德情操。所以，我们应以助人为乐、助人为荣，让全社会充满互助友爱，让"我为人人，人人为我"的精神发扬光大。

二、遵守公德

公德，是指一个社会的公民为了维护整个社会生活的正常秩序而共同遵循的最简单、最起码的公共生活准则。在公共场所遵守公德，表现了人与人之间互相尊重及对社会的责任感，所以，遵守公德是每个公民应该具备的品质，也是一种文明行为。

公德的内容包括爱护公物、遵守公共秩序、救死扶伤、在邪恶面前主持正义等。在现实生活中我们可以看到，品德高尚的人才会讲文明，自觉遵守公德，成为人们学习的榜样。今天我们提倡人人遵守公德，谴责缺乏公德的行为，目的就是形成人们互相谦让、互相理解、互相体贴的社会风气，让大家能在良好的社会环境中共处。反之，如果大家都不去自觉遵守公德，或容忍不讲公德的行为存在，社会就难以井然有序，公共场所将难以呈现出祥和的氛围。因此，社会中的每一个人都应懂得这个道理。

三、遵时守信

人际交往必须遵时守信。遵时，就是要遵守规定的或约定的时间，不得违时，不可失约。守信，就是要讲信用，办事有诚信。失约和言而无信都是失礼的行为，是得不到别人尊重和信赖的，久而久之，个人的信誉会失去社会的信任，甚至所在企业的声誉也会受到影响或损害。

旅游业是服务性行业，我们从事的接待服务工作也是一种经营活动，在工作中如不守时、不守信,首先就会直接影响到服务质量和企业的形象,这种情况如不及时加以制止,蔓延开来将会导致客源流失和企业经济效益滑坡。例如有一个旅行社的一名导游,过了集合的时间才姗姗到来,让游客焦急地等待多时,旅程中又多次脱离游客办私事不见踪影,让游客们扫兴而归。这种无视遵时守信,给别人造成麻烦的导游,自然会失去游客的信赖,引起游客投诉,该旅行社也为此蒙受了一定的损失。

接待服务人员如允诺帮助宾客办事,一定要慎重。属本职工作范围内的事必须按时、及时去落实;办不到或力不能及的事,则不要轻易答应承办,不要说大话、开空头支票。所以,在工作中既不要因为怕丢面子去勉强答应别人办事,也不要找借口回避宾客的正当合理要求。因为答应别人的事,如果最终办不到要比不答应更丢面子和失礼。

四、真诚友善

所谓人际交往时的真诚,是指交往时必须做到诚心待人、心口如一,而不能虚情假意、口是心非。待人真诚的人会很快得到别人的信任;而与人交往时表里不一、口是心非、缺乏真诚的人,即使在礼貌、礼节和礼仪方面能做得无可挑剔,最终还是不会取得别人信任的,倒有可能被认为是个"伪君子",造成正常的交往难以持续。

与人交往要从友善的愿望出发,不可心存恶意,不可有非分之想,不可猜忌别人,无端怀疑别人有什么不良企图;不可因为自己地位高于他人,或名望胜于他人,或年龄大于他人,或能力强于他人而自视高人一等、盛气凌人;也不可嫉妒人或巴结人,更不可有势利眼。从善意的愿望出发,以诚待人,才称得上对别人尊敬有礼,自己也同时能得到别人的信任和尊重。

五、谦虚随和

人际交往中,要做到谦虚随和。谦虚,就是虚心、不自满;随和,是指能顺应众人的意见而不固执己见。

人际交往中,只有谦虚,不摆架子,不自以为是,才能使人感到容易接近,并愿意与其交往。相反,有的人喜欢自吹自擂、夸夸其谈,卖弄自己博学多闻,往往会被人视为傲慢、不知礼,人们会对其敬而远之。实际生活中凡越是有修养的人,待人越谦虚;凡缺乏修养或没有修养的人,往往喜欢在人面前逞能、妄自尊大。因此,要想在人际交往中获得成功,千万不能忘了"谦虚"二字。

有的人能与各种人交往,人家也乐于和他接近,因为他善于听取别人的意见,这种人待人随和,不是总强调自己的主观意志,而能让别人表达看法、观点。当然,随和不是随声附和,如不同意别人的意见,也可阐明自己的看法,但需注意方式方法,不要采用别人不愿意接受的方式来说服对方。当遇到自己的意见、观点不正确时也不固执己见,能表现出虚怀若谷的胸怀。

六、理解宽容

理解,就是懂得别人的思想感情,理解别人的观点、立场和态度,懂得体谅人,心领神会别人的喜、怒、哀、乐。宽容,就是宽宏大量,能包容人,能原谅别人的过失。

在人际交往和旅游接待服务工作中,最怕的就是互相缺乏理解,甚至产生误解。缺乏理解就无法沟通感情,产生误解则往往容易导致失礼,在交往者之间产生妨碍交流思想的隔膜,甚至会使关系僵化。

理解别人应特别注意理解与自己观点、立场和态度不同的人;理解自己看不惯、不喜欢的人;理解有缺陷、有隐衷、有自卑感的人。在理解别人的过程中,要特别设身处地地去考虑问题,不能主观臆断、曲解别人的意思。只有充分理解别人并使别人体会到你是理解他的,对方才会推心置腹地和你交往,并视你为可以信赖的朋友。

要宽容别人。在与人交往时,如果出现意见对立或对方伤了你的自尊心,都要以宽大的胸怀容人,显示出自己的良好修养,使行为不良的人得到感化。例如曾有一位宾馆餐厅服务员遇到了一位蛮不讲理、出言不逊的客人,尽管这位客人当众讲了许多侮辱服务员的话,甚至连在场的其他宾客也不满这位客人的无礼行为,然而这位服务员并没有针锋相对、得理不饶人。相反,她亲切耐心地作解释,还表示欢迎这位客人今后再来光顾。在场的其他宾客都流露出对这位服务员的敬佩神情,这位客人最后羞愧不已,向服务员当面致歉。

七、热情有度

热情是指对人要有热烈的感情,使人感到温暖。有度是指对人热情要掌握尺度,既不可显得过于热情,也不能缺乏热情。

热情的人能使人觉得容易接触,愿意与之接近交往。对待别人要有真诚的热情,而不能是虚假的热情。真诚的热情使人感到亲切自然,虚假的热情则会使人感到肉麻、虚伪、厌恶。

有的人在交往中总是给人一种冷冰冰的感觉,使人觉得这个人高傲或故意摆架子。其实有时倒并非如此,而是"面冷心热",但这样做容易使别人产生误解。因此,要成功地进行人际交往就不能待人冷若冰霜,而应待人表里如一、面和心一样热。

与人交往时也不能过分热情,过分热情会让人生疑、反感。做接待服务工作时,对宾客过于热情容易使人产生你可能别有企图的看法而有损你的形象。所以,我们在待人接物时要注意做到热情有度。

八、以身作则

这里讲的以身作则是指在遵循以上礼仪的基本准则的同时,还要严于律己,为别人做好榜样。经常自觉地检查自己的言行举止是否符合礼仪的基本准则,是一项高标准、严要求,能做到是不容易的,但是毕竟还是能够实现。这主要靠自己平时加强道德修养,陶冶性情,不受干扰,从点滴做起。所以说,只要自己以身作则、严于律己、身体力行,就一定能够在人际交往中切实遵循礼仪的各项基本准则。

本章小结

讲礼貌、有礼节、注重礼仪是每一个旅游接待服务人员必须具备的基本素质之一,培养这样的素质,既要懂得礼貌、礼仪的概念和三者之间的关系,更要加强文明修养。在人际交往中应自觉遵循礼仪的八项基本准则。礼仪反映了社会的文明程度,包含了社会道德和公民的行为规范,它维系着社会的稳定和发展,是人类物质文明和精神文明的体现。

思考与练习

1. 什么是礼貌、礼节、礼仪?请分别举例说明。
2. 简述礼貌、礼节和礼仪三者之间的关系。
3. 举例说明礼貌、礼节、礼仪与文明修养的关系。
4. 说出人际交往中需遵循的礼仪的八项基本准则并逐一作简要的解释。

第 2 章 仪表、仪容、仪态

> **学习重点**
> - 仪表、仪容、仪态的基本概念
> - 旅游接待服务人员注重个人仪表、仪容、仪态的意义
> - 旅游企业对从业人员仪表、仪容、仪态的基本要求
> - 改善个人仪表、仪容、仪态的途径和方法

仪表、仪容和仪态与礼貌礼节礼仪的表现形式密切相关。本章通过明确一些基本概念和意义,提出了注重个人仪表仪容和仪态的基本要求,并提供了一些克服不良习惯,养成良好习惯的有效方法。

第一节 仪表仪容

一、仪表仪容的概念

仪表即人的外表,一般来说,它包括人的容貌、服饰和姿态等方面,是一个人的精神面貌的外观体现。仪容则主要指人的容貌。人们不难发现,一个人的仪表仪容往往是与他的生活情调、思想修养、道德品质和文明程度密切相关的。

在人际交往中,仪表仪容是一个不容忽略的交际因素,因为良好的仪表仪容,会令人产生美好的第一印象。

二、注重个人仪表仪容的意义

旅游接待服务工作人员要注重自己个人的仪表仪容,这是由其工作性质所决定的。

(一)注重仪表仪容是员工的一项基本素质

旅游接待服务工作的特点是直接向宾客提供服务,接待服务工作人员的形象会给来自五湖四海的宾客留下很深的印象。良好的仪表仪容会产生积极的宣传效果,同时还可能弥补某些服务设施方面的不足。反之,不好的仪表仪容往往会令人生厌,即使有热情的服务和一流的设施也不一定能给宾客留下好的印象。因此,为了向宾客提供优质服务,使宾客满意,从业人员除了应具备良好的职业道德、广博的业务知识和熟练的专业技能之外,在讲究礼节、礼貌、礼仪的同时,还要注重仪表仪容。

(二)员工的仪表仪容反映企业的管理水平和服务水平

员工的仪表仪容反映出企业的管理水平和服务水平。在当今旅游市场激烈竞争的时代,"硬件"(企业的设施、设备)已大为改善、日趋完美,这样,作为"软件"的接待服务人员素质对接待服务水平的影响就很大了。而接待服务人员的仪表仪容在一定程度上反映了接待服务人员的素质。

(三)注重仪表仪容是尊重宾客的需要

注重仪表仪容是尊重宾客的需要,是讲究礼貌、礼节、礼仪的一种具体表现。宾客在饭店逗留期间或参加旅行社组织的旅游观光活动中,是在追求一种比日常生活更高标准的享受。这里包含着视、听、嗅等感官美的享受。接待服务人员的仪表仪容美既能满足宾客视觉美方面的需要,同时又使宾客在着装整洁大方、讲究礼貌礼节礼仪的接待服务人员当中,感到自己是位高贵的客人,其求尊重的心理得到满足。

(四)注重仪表仪容也是自尊自爱的表现

爱美之心人皆有之,每一个旅游接待服务工作人员都想得到宾客对自己仪表仪容的称赞。所以良好的仪表仪容既能表示对宾客的尊重,又能体现自尊自爱。

我们提倡端庄大方的仪表和整洁美观的仪容,这就要求我们旅游业的员工不断地通过学习,加强文化修养和道德修养,培养高尚的审美观,在实践中提高素质,在岗位上展示社会主义新中国青年一代的精神风貌。

综上所述,我们可以清楚地看到旅游接待服务工作人员的仪表仪容是何等重要。它不仅仅是个人形象问题,而且更重要的是它反映了一个国家或一个民族的道德水准、文明程度、文化修养、精神面貌和生活水平。所以,要发展我国的旅游业,吸引更多的世界各国朋友,海外侨胞、台、港、澳同胞和全国各民族兄弟前来经商、观光游览或探亲访友,就应该着眼于国家和民族的利益,为维护旅游业的声誉和提高经济效益,注重仪表仪容。

三、旅游企业对从业人员仪表仪容的基本要求

在接待服务中,企业对员工的仪表仪容有下列一些基本要求。

(一)服装方面的基本要求

衣着是人们审美的一个重要方面,服饰的大方和整洁有一种无形的魅力,它能反映一个人的社会生活、文化水平和各个方面的修养。衣着的美,很大程度上在于"相称",也就是要与自己的职业、身份、年龄、性别相称,与周围的环境、场合协调。

制服是标志一个人从事何种职业的服装,诸如医生、警察、军人等都有标志自己职业特色的制服。这些制服的设计充分考虑了穿着者所从事的职业和身份,是和穿着者的整个工作环境及工作职能相适应的。穿上醒目的制服不但易于他人辨认,而且也能使穿着者有一种自豪感和职业的责任感。

饭店众多工作岗位上的接待服务工作人员都有各自岗位的制服(或称识别服),这是本行业工作的需要。

穿制服要注意整洁,制服的美观整洁既突出了员工的精神面貌,也反映了企业的管理水平和卫生状况。穿制服要特别注意领子和袖口的洁净。如果你穿的制服又脏又皱,就会引起宾客的反感,容易使宾客产生不好的联想;对于一些习惯于用制服是否平整洁净来判断整个服务水准的宾客来说,服务人员的制服平整洁净的意义就显得尤为重要。所以每天上岗前,接待服务人员要细心地反复检查制服上是否有菜汁、油渍,扣子是否齐全,衣裤是否有漏缝和破边。总之,需经反复检查后才能上岗。为了替换洗涤和以防急用,多备一套制服是必要的。每个员工应知道制服不可随意修改,为了追求时髦而乱加修改,是不允许的。对于导游人员,根据其工作的特点,即使旅行社未规定要穿着统一的制服,但穿着要整洁、得当,服装要勤洗勤换也是最起码的要求。

鞋是服装的一部分。每天应当把皮鞋擦得干净、锃亮,破损的鞋子应及时修理。如果有

些工种需穿布鞋,同样也应经常保持洁净。男员工袜子的颜色应跟鞋子的颜色一致或相近,通常以黑色最为普遍。女员工应穿与肤色相近的丝袜,袜口不要露在裤子或裙子外边。此外,各个企业还会根据自身管理的需要制定一些其他规定,要求员工遵守。

穿制服时要佩戴工号牌,无论哪一个具体部门的工作人员,均应把工号牌端正地佩戴在左胸上方。我们应抱着对自己职业的自豪感去工作,自觉戴好工号牌。

(二)修饰方面的基本要求

对于旅游接待服务工作人员来说,外貌修饰是很必要的。适当的外貌修饰,会使自己容光焕发,充满活力。不过同时要指出,过分的打扮和浓妆艳抹是不适宜的。从心理学的角度来看,接待服务工作人员不该在宾客面前炫耀自己,因此在各种场合都要注意自己的身份和装束。

(三)个人卫生方面的基本要求

个人卫生方面的要求有下列几个方面:

头发要适时修剪梳洗,发型要朴实大方。男性不留长发、小胡子、大鬓角;女性不梳披肩发型,还要注意避免选用颜色鲜艳的发饰,一般来说,女员工以短发为宜。

在工作岗位上,除手表外,一般不宜佩戴耳环、手镯、项链、别针等饰物。以佩戴饰物来显示自己的华贵妖艳会产生不好的影响。

要经常修指甲,保持指甲清洁。不得留长指甲,也不要涂有色的指甲油。要经常洗澡,经常更换内衣、内裤和袜子,身上不能有汗味。要养成经常漱口的好习惯。口里不能有异味,上班前忌吃葱、蒜、韭菜之类会使口内留有异味的食物。

要注意面部清洁。为了使人容光焕发、显示活力,女员工适当的化妆是必要的,这也是一种礼貌的行为和自尊的表现。面容憔悴、精神不振会给人一种病态的感觉。但化妆的原则应是淡雅自然,化妆要突出自己最美的部分,遮掩不足的部分。

要注意皮肤保养。如导游人员一年四季大多在户外工作,为了避免阳光中紫外线的强烈照射,宜使用防晒霜护肤。

上岗前一定要小心地在镜子前全面检查一次仪表仪容。良好的仪表仪容是良好服务的前提。

为了使自己保持容貌的青春活力,我们还应学会一些科学的仪容保健常识。

第二节　仪态

一、仪态的概念

仪态是指人在行为中的姿势和风度。姿势是指身体呈现的样子;风度则属于气质方面的表露。

洒脱的风度、优雅的举止,常常被人们羡慕和称赞,最能给人们留下深刻的印象。我们往往可以从一个人的仪态来判断他的品格、学识、能力和其他方面的修养程度。

另外,在人际交往中,人们的感情流露和交流经常会借助于人体的各种姿态,这就是我们通常所说的"体态语言"。它作为一种无声的"语言",在生活中被广泛地运用。在旅游接待服务工作中,更有特殊的意义和重要作用。

在日常生活中,人们常会评论某个人的行为优雅或粗俗。实际上,这就是在评论其言行举止是否符合礼貌、礼节、礼仪的要求。洒脱的风度和优雅的举止,单纯从外表去模仿,是难以收到好的效果的,因为它实质上是人的心理状态的自然流露。高尚的品德情操、广博的学识、独到的思辨能力等是内在因素。只注意相貌、服饰的外表美而行为轻浮、粗俗的人,是不会使别人产生美感的。我们追求的应该是完善的美。所谓完善的美,应是各方面的协调和谐,它包括品质、知识、能力等内在因素与仪表和谐,同时也包括装束打扮与自己的身份、年龄、身材、性格等特点的和谐。

人类身体的各部分器官,都有其各自的功能。姿势不好,器官的功能就会受到影响,身体的正常发育就会受到影响。有的人错误地认为只要自己的身材好,就不必注意个人的仪态,这是不对的。身材再优美,如果姿势不好,也是不好看的。因此,一个人的仪态是非常重要的,这也是个人形象问题。

二、仪态包含的内容

旅游接待服务工作人员的仪态,既包括日常生活的仪态,也包括工作中的举止,如站立的姿势、走路的步态、对宾客的态度、说话的声音、面部的表情等。

三、旅游企业对接待服务工作人员仪态的具体要求

对于旅游接待服务工作人员的仪态要求,概括起来是:站有站姿,坐有坐相,举止端庄稳重、落落大方、自然优美,服务工作中的各种动作姿势要合乎规范。

(一)正确的站立姿势

对站姿的要求是"站如松",即站得要像松树一样挺拔。旅游接待服务工作人员还需注意站姿的优美和典雅。其基本要领是站正,身体重心放在两脚中间,不要偏左或偏右;胸要微挺,腹部自然地略微收缩,腰直,肩平;两眼平视,嘴微闭,面带笑容;双肩舒展,双臂自然下垂(在背后交叉或体前交叉也可),两腿膝关节与髋关节舒展挺直。站立太累时,可变换为调节式站立,其要领是:身体重心偏移到左脚或右脚上,另一条腿微向前屈,脚部放松。无论是哪一种站姿,均应注意双手不可叉腰,不可抱在胸前,不可插入衣袋;身体不要东倒西歪倚靠物件。

(二)正确的坐姿

对坐姿的要求是"坐如钟",即坐相要像钟那样端正。对于旅游接待服务工作人员来说,还要注意坐姿的优雅自如。其基本要领是:上体自然坐直,两腿自然弯曲,双脚平落地上,双膝并拢,臀部坐在椅子的中央,腰部靠住椅背;两手放在膝上,胸微挺,腰伸直;目平视,嘴微闭,面带笑容。入座时,走到座位前面再转身,转身后右脚向后退半步,然后轻稳地坐下。女子入座时,要用手把裙子向前拢一下。起立时,右脚先向后收半步,然后站起。

端坐时间过长,会使人感觉疲劳,这时可变换为侧坐。除侧坐外,还可变换为脚恋式坐姿。无论是哪一种坐法,都应以优雅自如的坐姿来达到尊重宾客的目的,给宾客以美的印象;切忌坐椅时前俯后仰、摇腿跷脚、两膝分开或跷二郎腿。

旅游接待服务工作的许多工作岗位都需要站立服务,这就要求员工不得随意坐下,但在平时生活中仍需养成讲究坐姿的良好习惯。

(三)雅致的步态

对步态的要求是"走如风",即走起路来要像风一样轻盈。当然,不同情况对行走的要求是不同的。旅游接待服务工作人员要求走起路来步伐轻盈而稳健,其基本要领是:上体正直,不低头,眼平视,面带笑容;两臂自然前后摆动,肩部放松。重心可以稍向前,有利于挺

胸、收腹,身体重心在脚掌前部。如果小腹用一点点力使身体略微上提,走起路来就会显得更有活力。正常的行走,脚尖应是正对前方,如果走起路来两脚尖向内或向外歪,就是"内八字"或"外八字"脚。有些人走起路来大摇大摆,有些人走起路来像机器人一样呆板,也有些人走起路来好像拖着脚步似的,这些都属于不正确的行走姿势。

走路的步态美与否,还取决于步位和步度。如果步位和步度不合乎标准,行走的姿态便会失去协调的节奏。所谓步位,就是脚落到地上时的位置。特别要说明的是女员工走路的时候,两脚轮换前进,要基本踩一条线,而不是两条平行线。如果踩两条平行线走路,臀部会失去摆动,腰部会显得僵硬,失去步态的优美,这一点对年轻的女性来说,尤为重要。

步度是跨步时两脚之间的距离。一般人的步度,有时大有时小,而标准的步度是本人的脚长。因此,对不同的人来说,标准步度的大小是不同的。使用标准步度可以使步态更美。

(四)优美的动作

我们在工作中,经常处在动的状态,因而讲究动作的优美是值得注意的,这也是服务工作的需要。

1. 上下楼梯:头要正,背要伸直,胸要微挺,臀部要收,膝要弯曲。

2. 上下车:上车时要用侧着身体进入车内的方法,决不要用头先进去的方法。下车时,也应侧着身体,移动靠近车门,先伸出一只脚踏在地面上,眼睛看前方,再以手的支撑力移动另一只脚,头部自然伸出,起身立稳后,再缓步离开。

3. 取低处物品:拿取低处的物品或拾起落在地上的东西时,不要弯上身、翘臀部,要使用蹲和屈膝的动作。具体做法是脚稍分开,站在所取物品的旁边,蹲下去拿,而不要低头,也不要弓背,要慢慢地把腰部降低。

4. 行走路线:在接待服务场所,要按规定的路线行走。一般来说,必须靠右行,不能走中间。服务人员在与宾客相遇时,要点头行礼致意并主动让路,不可与客人抢道或并行。有急事要超越前面客人时,不可跑步,要在口头示意、致歉后再加紧步伐超越。

宾客从对面走来时要向宾客行礼,其中要注意以下几点:第一,在适当的距离,首先注视客人,稍后即点头致意。第二,不要忘记向客人说"你好"之类的礼貌用语。第三,行礼的姿势要注意,要暂停脚步或放慢步伐,面露微笑,轻轻点头,态度恭敬。第四,客房服务员在工作中,可以边工作,边行礼。如果能暂时停下手中工作来行礼,更会让宾客感到对其重视。

(五)适当的手势

适当地运用手势,可以增强感情的表达。在旅游接待服务工作中,手势运用要规范、适度。与客人谈话时,手势不宜过多,动作不宜过大,要给人一种优雅、含蓄、彬彬有礼的感觉。一般认为:掌心向上的手势有一种诚恳、尊重他人的含义,掌心向下的手势意味着不够坦率、缺乏诚意等。攥紧拳头暗示进攻和自卫,也表示愤怒。伸出手指来指点是要引起他人的注意,含有教训人的意味。因此,在引路、指示方向等时,应注意手指自然并拢,掌心向上,以肘关节为支点,指示目标,切忌伸出食指来指点。

当然,仅靠手势指示,而神态麻木或漫不经心也是不行的,还要靠面部的表情和身体各部分的配合,才能使宾客感到这是一种"感情投入"的热诚服务。

同样一种手势,在不同的国家、不同的地区有不同的含义。因此,在使用手势时还需注意各国不同的习惯,不要闹出笑话和误会。

(六) 丰富的表情

表情就是人的思想感情的外露。它是通过人的面部或姿态表现出来的。

人的感情是复杂的,这种复杂性来自复杂的社会生活。在人际交往中,喜、怒、哀、乐等表情最为常见。一个人的眼睛、眉毛、嘴巴和面部表情以及肌肉的变化,能表达一个人不同的感情。人们常说的"眉开眼笑""怒目圆睁""双眉紧锁"等,都是指用表情来表达某种感情。

有的接待服务工作人员性格不开朗,做事谨小慎微,缺乏热情和主见,工作被动,只会用简单的言语去应酬宾客,面部表情冷漠。这表示他们对工作缺乏自信,依赖性较强,缺乏对宾客的服务热情。

有的接待服务工作人员沉着冷静,表情含蓄,得体大方,接待宾客时热情适度,耐心周到,对宾客的态度反应较敏感。这些接待服务人员一般能虚心听取宾客的意见,遇事能冷静分析,他们的表情总是那么从容不迫,面带微笑,给宾客一种可亲可信之感。

面带微笑,真诚服务,这是对每个旅游接待服务工作人员最起码的要求。亲切的微笑,会使人感到和蔼可亲,平易近人;而表情麻木、毫无笑容的接待服务工作人员是不会受宾客欢迎的。所以,我们在服务中应提倡"笑迎天下客"。

"微笑服务"不仅是对客服务的需要,也是一种广交朋友的交际手段。有分寸的微笑,再配上优雅的举止,对于表达自己的主张、争取他人的合作,会起到不可估量的积极作用。因此,作为服务人员应该学会"微笑"。

我们强调的微笑,是发自内心的轻松友善的微笑。这种微笑应来自员工敬业乐业的精神。有了这种精神,才会有真正的微笑——不仅脸上有笑容,甚至声音都包含笑意。有了这种精神,才能在工作和生活遭受挫折时,克制不良情绪的外露,增强自制力,尽快地度过情绪低潮期,使自己始终处于良好的心境状态,从而振奋精神,带着笑容投入工作。

第三节 如何改善个人的仪表仪容仪态

本章前两节着重介绍了仪表、仪容和仪态的概念,并对旅游接待服务人员在这些方面提出了一些具体的要求。那么,如何实现这些要求来适应职业特性的需要呢?这就是本节所要阐述的主要内容。

一、克服不良习惯是改善个人仪表仪容仪态的必要前提

在日常生活中,我们只要稍加留意便不难发现在周围的人群里,有一部分人不拘小节,不讲究个人仪表仪容仪态。从今天的生活水平、受教育程度和社会风尚来分析,这并非因缺乏物质条件或文明教育所引起,而主要还是因为个人的文明意识不强和长期的不良习惯所造成。这些不良的习惯表现有:

(一) 衣冠不整

有的人不修边幅,穿衣服不注意把纽扣对齐扣好,衣服沾上了各种污迹不及时清除,袖口、领口或其他部位有了破损也不在意,错误地认为这与他人无关,我就这么穿,自己不在乎,他人管不着。其实内衣不勤洗勤换、领带领结不打正、帽子不戴正,甚至袜子破了不更换或干脆不穿等现象,都是既有损自己个人的形象又不尊重他人的表现。

(二)服饰不当

穿衣服是与个人的年龄、职业、生活消费水平等条件有关的,工作服又与职业内容、性质和岗位等特殊要求有关。如果仅凭个人的偏爱选择服饰,那么服饰打扮可能未必适合自己的工作,还容易产生不伦不类的怪模样。例如有人嫌企业发的统一工作服太大、样式不好,于是擅自改制,盲目地追求合身。这样,工作起来衣服绷在身上,行动反而不方便。又如有的人喜欢佩戴饰物,衣服上、头上、手上琳琅满目,这在旅游接待服务工作岗位上也是不适宜的。首先是不利于工作。试想,这样工作时方便吗？尤其是餐饮部门的服务员,要与食品饮料接触,万一饰物掉落食品、饮料中,还有哪位顾客再有兴趣品尝呢？其次,以饰物来炫耀自己、引人注目,颠倒了服务者与消费者的关系,最容易令宾客,特别是女性宾客反感。因此,服饰合适是服务性行业的一项特殊要求。

(三)礼貌不周

由于不懂得如何处理好人际关系,有的人见人爱搭不理,或者视而不见;有的人与人接触缺乏热情,不愿开口,更不说礼貌用语。试想不讲礼貌还谈得上提供什么服务呢？

(四)礼节不妥

由于缺乏礼节常识和没有受过系统的礼节培训,有些人不知道如何恰当使用礼节来表示对他人的欢迎或尊重,或乱用礼节,以致闹出笑话。有的人明明见到对方伸出手表示要握手,自己就是不愿意把手伸出来,即使握手也显得很勉强,令对方明显察觉。个别人握了手后,马上就去擦手、洗手,这是严重的、带有侮辱性的失礼行为。另一种人与人握起手来,把对方的手握得紧紧的,长时间不松手,以此显示特别热情;或者在对方无意握手时,强行要求对方与自己握手,造成一种尴尬的场面,等等。

(五)修养不足

处事缺乏头脑和耐心,容易冲动,发生问题时经常与人争执,甚至发展到骂人、打人;道德水准低,文明程度差,把受过的"五讲""四美"教育置之脑后;在宾客出入的场所,旁若无人地高声谈笑、手舞足蹈,给人一种粗俗、轻浮之感。

(六)精神不振

干什么事都提不起精神,思想不集中,常常出差错;当众打哈欠、打瞌睡,因睡眠不足而面容憔悴;动作慢慢腾腾,缺乏对宾客起码的热情。

(七)举止不雅

在众人面前用手指挖鼻孔、掏耳朵、剔牙齿、抓头皮、掸身上的灰尘,甚至在别人用餐时,也毫无顾忌。站立不正,歪着身子,动辄靠在墙上、趴在桌子上。坐在椅子上,习惯跷二郎腿,或把脚掌对着别人。走路时把手插入裤袋内,摇摇晃晃,眼睛东张西望,或走"内八字""外八字",大摇大摆拖着脚步,或两人平行时勾肩搭背,边走边谈笑,在狭窄的走廊上阻挡别人的通行;稍有急事便不顾他人,在人群中乱穿、奔跑。

(八)表情不佳

因心情不畅,在考虑事情时,甚至看书、写东西时都习惯皱眉头;因眼睛近视不戴眼镜,而眯眼睛;有时下意识地咬物品、咬嘴唇或对着别人做鬼脸,等等。

(九)不讲卫生

平时无卫生习惯,早晚不刷牙,饭前便后不洗手,喜欢吃味道浓重的食品,又不注意采取措施清口,以致口臭扑鼻;没有定期洗头、理发、洗澡的习惯,蓄着胡子,指甲不勤剪,指缝中积满污垢。

(十)化妆不当

喜欢浓妆艳抹,与自己的身份、年龄、职业不符,使人有妖艳之感;不懂得化妆与礼貌的关系。

针对上述不良习惯,积极的态度是要采取有效的措施,要有决心、信心和恒心去努力克服,同时养成良好的习惯来改善个人的仪表仪容仪态。

二、养成良好的习惯是改善个人仪表仪容仪态的积极措施

良好的习惯并非有了愿望就可马上养成,关键在于首先应意识到不良习惯会给自己仪表、仪容和仪态,乃至文明礼貌带来不利影响,进而时时处处注意改正,下决心去克服。只要树立起信心去努力,持之以恒,必定会有成效。

在这里,简要介绍一些养成良好习惯的具体方法和途径。

(一)仪表美要靠树立正确的审美观和养成良好的生活习惯

要使自己仪表美,首先要懂得什么是仪表美,怎样去实现仪表美。从旅游接待服务工作的职业要求这一角度去判断,所谓的仪表美就是整洁、大方、端庄。不论谁,只要做到了以上的要求,就算得上仪表美。要实现仪表美并不难,平时注意养成良好的习惯是最有效的途径。这些良好的生活习惯应该包括:

1. 日常生活中,穿戴要讲究整洁;
2. 服饰要与自己的年龄、身份、性别相称;
3. 内衣、袜子要勤洗勤换;
4. 随身带上纸巾;
5. 穿皮鞋应保持清洁、锃亮;
6. 注意穿着打扮的整体协调和统一。

(二)仪容美要靠讲究个人卫生和学会化淡妆修饰

要使自己的仪容美,讲究个人卫生是最起码的要求,适当地化妆更可焕发容光、增添风采。讲究个人卫生要做到"五勤""三要""五不"和"两个注意"。"五勤"是指勤洗手、勤理发、勤剃胡须、勤刷牙和勤剪指甲。"三要"是指工作上岗前、下岗后要洗手,大小便后要洗手,早晚和饭后要漱口。"五不"是指在宾客面前不挖耳、不剔牙、不抓头皮搔痒、不打哈欠和不掏鼻子。"两个注意"是指在接待服务前,注意不食韭菜、大蒜、大葱等辛辣气味浓烈的食品;在宾客面前若不得不打喷嚏时,须用纸巾捂住口鼻并转身背向宾客。

当然,要讲究个人卫生还有很多方面须注意,每个人都应尽量自觉努力养成良好正确的卫生习惯。

我们提倡仪表美的同时,如果适度美容,也会使仪容增色,显得更加青春焕发;即使先天有某些不足也可借此得到遮掩、修饰。这里简单介绍一下化淡妆的方法。

这种化妆是工作妆、职业妆,有别于生活妆,它的特点是快速、简便、能适应工作实际的需要。主要包括清洁面部、扑粉底、画眉、抹腮红、涂口红这几个基本步骤。

1. 清洁面部:化妆前需先清洁面部,这样可把面部的尘埃、汗渍和皮肤排泄物清除。做法是:选用适合自己皮肤类型的洁面乳,涂抹少许在手心上,合掌搓匀,然后涂抹整个面部,几分钟后用药棉或纸巾轻轻将已经吸附了微小脏物的洁面乳清除。

2. 扑粉底:面部清洁后,可将粉底霜挤在左手背上,用小块海绵蘸上少许粉底霜打匀,

均匀地涂在脸上,为了避免颈部的肤色与脸部形成色差,同时也在颈部薄薄地涂上一层。然后开始自上而下在涂有粉底霜处轻轻地扑上一层均匀的底粉。

3. 画眉:化妆眉部,首先要根据自己的实际情况选择好适当的眉形。画眉是指用眉笔将眉毛作勾描、加深处理,使眉毛显得完美、逼真。画眉的要领是:要画在眉毛上,而不要画在眉毛外;要顺着眉毛生长的方向画,而不要逆向涂抹;要仔细慢慢地操作,而不要粗略地涂上几笔。眉毛画好后,应对着镜子检查一下两条眉毛是否对称,粗细是否一致。最后,可用眉帚将画好的眉毛顺着眉毛生长的方向轻轻刷一下,扫去残留的墨粉,清洁一下眉部。

4. 抹胭脂(涂腮红):面颊部的化妆,就是抹胭脂或称涂腮红,这样能使两颊泛出微微的红晕,产生健康、艳丽、楚楚动人的效果。

面颊的化妆,首先要选用接近自己肤色的腮红,切忌与肤色反差太明显。涂抹技巧的关键是操作要轻,分布要匀,色彩过渡要自然,着色的中心位置宜掌握在颧骨附近,用专用的粉扑或毛刷往耳朵上缘方向轻轻抹去,然后逐步晕开。

5. 涂口红:唇部化妆是涂口红,它可用来增强口唇的艳丽。

口红涂抹前,先用唇线笔勾勒出唇形,用作定型和防止口红外溢。涂口红的要领是把口红涂在唇线内。

口红颜色的选择是有讲究的,职业女性不宜选用色彩过于鲜艳的,选择时需考虑年龄、场合、肤色、职业等因素。

由于职业需要,旅游业的女员工几乎天天要化妆,化妆的技巧越来越熟练,步骤也日趋简单。目前流行的是三分钟化妆法,这种工作妆是指可在三分钟左右完成画眉、涂腮红和涂口红,省略了前面清洁面部和扑粉底两个步骤,方法简便、用品简单、时间紧凑,很适合职业女性的需求。

(三)仪态美要靠体育锻炼和形体训练

要使自己的仪态美,最主要、最有效的途径是重视体育锻炼和参加形体训练。在学校里通常都开设体育课和形体训练课,这为实现仪态美创造了优越的条件。有人懒于运动,而错误地把节食减肥作为实现仪态美的手段,结果往往不仅不能达到仪态美的目的,反而适得其反。体育锻炼可增强体质。力量训练、技能训练和灵活性与肢体协调性训练,都有益于健康和健美。以做广播体操为例,只要每天坚持认真去做,日久天长,就会产生积极的效果。然而有些人不重视这种简单易行的体育活动,上体育课更是抱敷衍应付的态度,这样根本达不到健美的目的。俗话说:千里之行,始于足下。只要积极参加体育锻炼,上好每一堂体育课、形体训练课,持之以恒,就能早日练出健美的体魄。

下面推荐的是站姿、坐姿和走姿的训练方法。

站姿、坐姿和走姿的训练是培养正确的站、坐、行姿态的有效方法。由于此类训练比较枯燥,宜采用集体训练的形式,这样既可开展比赛,激发兴趣,又可以相互观摩,彼此纠正;既可在形体课中学习,也可在军训中得到锻炼。这样在加强组织纪律性、锻炼意志和忍耐力的同时,也培养了正确的站姿、坐姿和走姿。

站姿训练的要点是:

1. 学会正确的站姿,要求"站如松";
2. 明确站立时身体重心的位置、两脚间的距离,以及如何挺胸、收腹和如何直腰、平肩;
3. 掌握好双臂垂直放松时的位置,以及在工作岗位上恭候宾客时双手放的位置;

4. 训练站立时如何调整好面部的表情,如何使微笑自然,如何双眼平视观四面、双耳注意听八方;

5. 学会站累时如何改变站立姿势;

6. 锻炼长时间站立的耐久性。

坐姿训练的要点是:

1. 学会正确的坐姿,要求"坐如钟";

2. 明确坐时上体躯干如何坐直,双腿如何自然弯曲,双脚如何平落在地面上,双膝如何并拢为适度;

3. 掌握好臀部坐落的位置,以及胸部如何挺直,腰部如何调节;

4. 训练坐时如何表现出自然的表情,目光投射的方向与区域,以及如何协调集中注意力与灵活洞察周围环境;

5. 训练入座与起身的步法,以及女性如何用手把裙子向前拢一下;

6. 训练端坐时间过长时如何改变坐姿等。

走姿训练的要点是:

1. 学会正确的走姿,要求"走如风";

2. 明确行走时上身躯干与双腿如何配合协调,使步伐稳健;

3. 训练双臂如何自然前后摆动,以及走动时如何掌握好身体重心的位置、脚掌落地的位置;

4. 训练行走时如何做到表情自然、目光的方向如何把握,以及颈部与头部如何自然调节到适当的位置;

5. 训练如何掌握行走时的速度、节拍、步度;

6. 训练行走时如何与别人打招呼、示意,以及自然调整步速的快慢,转弯和上、下楼梯。

本章小结

个人的仪表、仪容、仪态直接影响自身的形象,同时还反映了内在的素养。从事旅游接待服务工作要注重维护企业乃至民族、国家的形象,这就必须按照从业的要求,讲究个人的仪表、仪容、仪态,克服不良的习惯。养成良好的习惯是改善个人仪表、仪容、仪态的途径和方法。

思考与练习

1. 什么是仪表、仪容、仪态?
2. 为什么旅游接待服务人员应注重个人的仪表、仪容、仪态?
3. 旅游企业对员工的仪表、仪容通常有哪些基本的要求?
4. 旅游接待服务工作人员的仪态包括哪些方面?
5. 旅游企业对员工的仪态通常有哪些基本要求?
6. 改善个人的仪表仪容仪态应采取哪些积极的措施?
7. 什么是讲究个人卫生应做到的"五勤""三要""五不"和"两个注意"?
8. 在老师的指导下,学习掌握如何化淡妆。
9. 在老师的指导下,学习掌握如何打领带(见附录一)。

第 3 章　礼貌服务用语

> **学习重点**
> - 礼貌服务用语的概念
> - 礼貌服务用语在旅游接待服务中的重要作用
> - 礼貌服务用语的四个基本特点
> - 如何正确使用礼貌服务用语
> - "十字"礼貌用语的运用要点

掌握好礼貌用语是做好旅游接待服务工作的基础。本章从概念、作用和特点三个方面阐述了二者的关系,并归纳了如何正确使用礼貌服务用语的八项注意,介绍了最常用的"十字"礼貌用语的运用要点。

第一节　礼貌服务用语概述

一、礼貌服务用语的概念

礼貌服务用语是服务性行业的从业人员在接待宾客时需使用的一种礼貌语言。它具有体现礼貌和提供服务的双重特性,是接待服务人员用来向宾客表达意愿、交流思想感情和沟通信息的重要交际工具。

礼貌服务用语来源于精神文明,同时也来源于接待服务工作的内容和需要,是优质服务的一种体现形式。

俗话说,"一句话使人笑,一句话使人跳",这句话形象地概括了使用礼貌服务用语的作用和要求。旅游接待服务工作人员要想对这一有用的交际工具运用自如,那就得做到:在人际交往中谈吐文雅、语调轻柔、语气亲切、态度诚恳、讲究语言艺术。归纳起来,接待服务时要有"五声",即宾客到来时有问候声,遇到宾客时有招呼声,得到协助时有致谢声,麻烦宾客时有致歉声,宾客离去时有道别声。与此同时,要杜绝使用"四语",即不尊重宾客的蔑视语、缺乏耐心的烦躁语、自以为是的否定语和刁难他人的斗气语。显然,我们强调在待人接物中使用礼貌用语,其最基本的要求就是:每一位接待服务工作人员首先要明确自己的身份和地位,明确自己的工作任务和岗位职责,这样才能做到不说有损于宾客自尊心的话,不与宾客争辩,也才不致发生失礼的鲁莽行为。要知道,若与宾客争辩,即使赢了,也意味着将失去更多的客源,企业的声誉和经济效益定会蒙受极大的损失。所以说,接待服务工作人员的语言修养是十分重要的,正确地使用礼貌服务用语应成为每一个接待服务工作人员的职业习惯。

二、礼貌服务用语在旅游接待服务中的重要作用

当今,随着旅游业的迅猛发展,全国各地的饭店和旅行社如雨后春笋般出现。在市场经

济大潮中,由于企业间硬件上的差距日益缩小,从业人员素质和服务质量等软件上的竞争日趋明显,优质服务已成为招徕宾客的口号和手段,这就必然促进服务水准的相应提高。礼貌服务用语伴随着主动、热情、耐心、周到的服务,必然会受到广大宾客的欢迎和青睐。使用礼貌服务用语,宾客会感到受到礼遇和尊敬,显示了企业员工良好的文明素质和教养,又从侧面反映了企业的层次和服务水平。企业的经营管理者重视对全体员工在这方面的培训,其用意就显而易见了。

第二节 礼貌服务用语的基本特点

从事不同职业的人,都使用着具有自己职业特点的语言,例如外交家们善于外交辞令,戏剧家们习惯运用舞台术语,教师们熟悉课堂用语,等等,这些语言的产生和应用无一不与职业的性质和内容有关。同样,在旅游企业的经营活动中,必然会产生符合本行业特点的礼貌服务用语。

一、言辞的礼貌性

言辞的礼貌性,主要表现在接待服务工作人员使用的是敬语。敬语主要包含尊敬语、谦让语和郑重语。说话者直接表示自己对听话者敬意的语言叫尊敬语;说话者利用自谦,直接表示自己对听话者敬意的语言叫谦让语;说话者使用客气、礼貌的语言向听话者间接表示敬意的语言则叫作郑重语。

敬语的最大特点是:彬彬有礼、热情而庄重。使用敬语时,一定要注意时间、地点和场合,语调也要甜美、柔和。

通常,当说话人把听话者视作上位者时,宜使用尊敬语,如"先生,对不起,让您久等了"。当说话人要表明自己是下位者时,需使用谦让语,如"过一会儿我来拜访您"。使用郑重语时,一般并不表明说话人与听话者是否是上下关系,只是出于客气、礼貌,如离席时说一声"我先走了,你们慢慢谈吧",分别时说一声"明天见",等等。

敬语是一种礼貌用语,所以即使在宾客礼貌不周的情况下,也必须坚持使用,而不能感情用事、语言不当。

使用敬语时,要注意用"您"而不用"你"来称呼服务对象。如果了解或熟悉宾客的姓氏和身份,宜用尊称,如"史密斯先生",而不得冒失地直呼其名。因为这样既可使对方感受到你对他的尊敬,又可使对方尽快消除生疏感、增加亲切感。另外,寒暄语是敬语的入门,寒暄语的使用,往往容易使宾客对你产生良好的印象。

二、措辞的修饰性

使用服务用语时要充分尊重宾客的人格和习惯,决不能讲有损宾客自尊心的话,这就要求我们注意语言的措辞。措辞的修饰性主要表现在经常使用的谦谨语和委婉语两方面。

谦谨语是谦虚、友善的语言,它能充分表达说话人对听话者的尊重。谦谨语常常以征询式、商量式的语气表达,如"这张餐桌已有人预订了,请用那张靠窗的好吗"等。委婉语是用好听的、含蓄的、使人少受刺激的代词来替代对方有可能忌讳的词语,以曲折的表达方式来提示双方都明白但又不必点明的事物。如告诉宾客"洗手间在走廊另一侧"要比"大小便到走廊另一侧的厕所去"文雅得多了。

在旅游接待服务中,广泛应用谦谨语和委婉语是与宾客沟通思想感情,使交际活动顺利进行的有效手段。它既能使双方互传信息,同时又因为没有点破要表达的内容,所以一旦交往不顺利时容易"下台阶"。如果宾客提了意见,我们一时又难以给予明确、具体的答复时,便可以说"您提的意见是值得考虑的,多谢您的关心"。"值得考虑"就是委婉语,它带有赞同的倾向,但没有明确表示赞同,还有少许的保留。又如,宾客提出的一些要求一时难以满足,不妨说"您提出的要求是可以理解的,让我来想想办法,一定尽力而为"。"可以理解"也是一种委婉语,它使提要求的宾客感到十分体面,即使最后无法满足宾客要求,宾客也会表示谅解。可见,谦谨语和委婉语是人们最容易和乐意接受的表达形式,所以旅游接待服务人员一定要学会使用。

三、语言的生动性

接待宾客时,语言不能呆板,不要机械地回答问题,这样容易使宾客感到服务员不热情、对业务不熟悉、责任心不强,甚至引起宾客的投诉。其实,在日常生活中,大家都知道生动幽默的语言能使气氛活跃、感情融洽。幽默是一种微笑的艺术,幽默中含有哲理,幽默产生的诙谐情趣能使人感到轻松愉快,让人们在笑意中去领悟真正的含义,同时又可揭示深刻的主题。所以,注意语言的生动性是进一步提高语言表达能力的努力方向。这里要指出的是,要做到语言生动,就要提高语言文学水平;要想得到生动的效果,作为接待服务人员,就得勤学苦练,多听多练,而不要一知半解地运用,也不要牵强附会或任意发挥,否则会适得其反。

四、表达的灵活性

要使宾客感到满意和高兴,在使用礼貌服务用语时,还须察言观色,随时注意宾客的反应。针对不同的对象、不同的性别和年龄、不同的场合,灵活地运用不同的用语,才有利于沟通和理解,从而避免矛盾的产生或使矛盾得到缓解。一般来说,我们可以通过宾客的服饰、语言、肤色、气质等去辨别宾客的身份,通过宾客的面部表情、语气的轻重、走路的姿态、手势等行为举止来领悟宾客的心境。遇到语言激动、动作急躁、举止不安的宾客,要特别注意使用温柔的语调和委婉的措辞。对待宾客投诉,说话时更要谦虚、谨慎、耐心、有礼,要设身处地为宾客着想,投其所好,投其所爱。要学会善于揣摩宾客的心理,以灵活的言语来应对各类宾客。

在我国,普通话是各族人民共同使用的交际语言,它不仅是我们中华民族的母语,而且也是联合国确认和使用的国际性工作语言之一。每一个旅游接待服务工作人员理应要会说普通话,用普通话讲礼貌服务用语是我们的天职。但是为了工作的需要,理解宾客的语言感情,有时还需灵活地适应语言环境,把接待服务工作做得更好。大家都知道,每一个民族、每一个地区或方言区,都对自己的母语拥有一种强烈的感情。这种强烈的感情随时会不知不觉地流露出来,尤其是在方言区以外的地方,"老乡"会面,不免寒暄一番,自然说的是方言。例如上海人在异地相遇,他们总习惯讲沪语;广东人在他乡见面,也总爱讲粤语;别的方言区的人也一样。当然,外国人也不例外。这种现象就是语言感情现象。我们旅游接待服务工作人员,首先需充分理解这部分宾客的语言感情,同时最好除了会讲标准的普通话外,也能听懂、会说一些方言,这有利于信息沟通和感情沟通。在这方面就需要突出一下礼貌用语的灵活性。例如,对一个侨居海外的华侨,接待他的服务人员如能灵活地用那位宾客容易听懂的方言与其交谈,即使断断续续,甚至要加上一些手势,那位华侨也会倍感亲切,故乡之情便会油然而生。这样,由于语言的沟通缩短了感情距离,陌生感就会很快消除。试想,如果接待服务人员不具备灵活的语言能力,不善于语言交际,那将会是怎样的后果呢?服务员态度呆板,无法克服语言上的障碍,宾客的要求得不到及时的解决和满足,处处感到不便,即使不引起宾客投诉也难免会促使其打算提前离去,给其留下不愉快的印象。此外,旅游业作为服务性行业,每年都要接待数以百万计的国外宾客,用各种不同的外国语言为外宾服务,也已成为对旅游业广大员工的一项基本素质要求。所以,不但要学好祖国的语言、各地的方言,而且也应努力学好英语、日语等应用广泛的外国语言,以便更好地为外宾服务。由此可见,每一个旅游接待服务工作人员都需要学习和研究工作语言,并在实践中努力提高自己语言的表达力和应变力,注意培养随机性和灵活性,以便适应接待服务工作的需要。

第三节 礼貌服务用语的正确使用

对于每一个接待服务人员来说,如何才能做到正确使用礼貌服务用语呢?归纳起来,至少下述各条是值得我们在运用中特别注意的。

一、注意重视学好日常的礼貌用语

日常的礼貌用语是礼貌服务用语的基础。在人际交往中,使用礼貌用语已成为衡量语言美的重要标志。在社会生活中,人们普遍地把讲礼貌用语化作自觉的行动。为了方便记忆,并有助于推广和规范使用日常礼貌用语,有人编了这样一段"顺口溜":

   初次见面说"久仰",看望别人用"拜访";
   请人勿送用"留步",对方来信叫"惠书";
   请人帮忙说"劳驾",求给方便说"借光";
   请人指导说"请教",请人指点用"赐教";
   赞人见解用"高见",归还原物叫"奉还";
   欢迎购买叫"光顾",老人年龄称"高寿";
   客人来到用"光临",中途先走用"失陪";
   赠送作品用"斧正",等候客人用"恭候";
   求人原谅说"包涵",麻烦别人说"打扰";
   好久不见说"久违",托人办事用"拜托";
   与人分别用"告辞",请人解答用"请问";
   赠送礼品用"笑纳",表示感激用"多谢"。

这段"顺口溜"虽然未能把所有的礼貌用语包含在内,但已足够说明我们平时需使用礼貌用语的场合很多,处处都能体现文明礼貌。所以,只要踏踏实实地从这一步做起,养成坚持使用礼貌用语的好习惯,再结合旅游接待服务工作岗位的实际需要,掌握旅游接待的礼貌服务用语就不难了。

二、注意说话时的举止

在接待服务工作过程中,不要把说话与举止对立起来,不要说得挺好听,而行为却与之不相称。例如:一个使用礼貌服务用语接待宾客的服务人员,面无笑容,目光冷漠;或目光游移,思想不集中;或者一边还在做其他的事,甚至坐着与站立在面前的宾客说话,等等,这样怎能起到礼貌服务用语的作用呢?由于言行不一,使用礼貌服务用语的本身意义就完全丧失了,这是必须杜绝的。

正确的做法是：

1. 与宾客对话时，应站立着并始终保持微笑。

2. 用友好的目光关注对方，表现出自己思想集中、表情专注。

3. 认真听取宾客的陈述，随时察觉对方对服务的要求，以表示对宾客的尊重。

4. 无论宾客说出来的话是误解、投诉或无知、可笑，也无论宾客说话时的语气多么严厉或不讲人情，甚至粗暴，都应耐心、友善、认真地听取。

5. 在双方意见各不相同的情况下，不能在表情和举止上流露出反感、藐视之意，只可婉转地表达自己的看法，而不能当面提出否定的意见。

6. 听话过程中不要随意去打断对方的说话，也不要任意插话作辩解。

7. 听话时要随时作出一些反应，不能呆若木鸡，可边微笑边点头地听，同时还可以说"嗯""我明白您的意思""我们会注意这个问题"等话作陪衬、点缀，表明你在用心听，哪怕双方的意见并不完全一致。

8. 如果能在听话过程中取出本子边听边做些记录，其效果定会更好，因为宾客说话的目的是要企业引起重视或作出答复，这样做对方就会相信记录下来的事企业定会给予圆满的解决。

三、注意说话时的语气

说话时的语气对说话的内容是有影响的，有时语气不当，听话人就会产生误解，因此需要注意。明明是一句请求的话语，但使用了命令式的语气，就会使人难以接受。例如：有位餐厅服务员在送菜时，发现宾客的座位挡了道不便通过，便用了过重的语气来提醒宾客，虽然用了"请"字，但还是触犯了对方，造成宾客投诉。又如：某一饭店总服务台的结账处，一位宾客用信用卡结账，因与饭店有一定的业务关系，他的房金按打八折付款。可能是总账的金额超出了原先的预算，这位宾客见到账单情不自禁地说道，"哎呀，怎么要付这么多！"结账员不知是想作解释，还是听了觉得不顺耳，脱口说了一句"打八折是很优惠的了"。宾客听到后觉得受了污辱，发怒道："这算什么话，难道我付不起吗？这个折扣又不是你给的，去，马上叫你们经理出来。"当然，这件事最终还是由经理出面解决，当面向客人赔礼道歉。事后也还得对这位结账员从其服务态度上作必要的批评教育。可以设想，如果这位结账员改变说话的语气，能主动耐心地为宾客查核一下账目，再解释一下各项费用具体消费的情况，以婉转、含蓄的语气来接待宾客，肯定不会出现上述的情景和结局。所以说，使用礼貌服务用语必须注意说话的语气。

四、注意选择适当的词语

使用礼貌服务用语也要注意选择适当的词语，不然会适得其反，失去礼貌的意义。在表达同一种意思时，由于选择的词语不同，就会产生不同的效果，给宾客以不同的感受。比如说用"用饭"代替"要饭"；用"一共有几位宾客"代替"一共有几个人"；用"贵姓""尊姓"代替"你叫什么"；用"不新鲜""有异味"代替"发霉了""变质了"；用"让您破费了"代替"按规定罚款"，等等。显然，前者听起来文雅，后者显得粗俗。

要学会善于在用语中选择适当的词语来表达并非一件简单的事，这完全要靠平时的留心，要多听、多记、多问、多说，通过在工作实践中日积月累，熟能生巧，运用起来才能恰当自如。对于将要踏上旅游接待服务工作岗位上的学生来说，则应在在校期间抓紧学好语言知识，练好基本功，打好扎实的语言基础，这对今后的工作是大有用处的。

五、注意选用询问和回答的方式

在与宾客对话中,我们还应该注意选用询问和回答的方式,以利双方的沟通和理解。虽然接待服务人员与宾客交谈的内容无法一一罗列,但归纳起来不外乎以下几种形式,即关切性的询问、征求性的询问和提议性的询问;针对性的回答、解释性的回答和宽慰性的回答。

1. 关切性的询问。当宾客来到我们接待服务岗位前,我们往往需用主动关切的话语来表示欢迎光临和表现我们服务的热忱。例如:"您好!请问,我能帮您做些什么?"又如:当客房服务员引领宾客入住客房后可以说:"有什么其他事需要我帮忙吗?"等。

2. 征求性的询问。当宾客需作决定或选择时,我们通常需用征询性的话语来帮助宾客出主意。例如:宾客来到前台接待处登记入住时,服务员可以问:"先生,您要标准间还是套房?对房间的朝向有什么要求吗?"又如:在酒吧,服务员可以主动征求宾客对选用饮料的要求,说:"请问小姐,要加冰块吗?"见宾客很快就喝完了刚送上去的啤酒后,可以问:"先生,要再来一杯还是用些其他饮料?"等。

3. 提议性的询问。当宾客在为难、犹豫,需要他人帮助时,我们不妨以试探性的口吻向宾客提议,是否由我们服务员提供帮助去做某事。例如:见到宾客拿不动行李时,说上一句:"太太,我来帮您把行李送上车好吗?"又如:餐厅服务员在接受宾客点菜时,说:"请问,今天您用些什么?先生,您如果吃辣的话,不妨尝尝由我们厨师长亲自主理的'麻婆豆腐'和'鱼香肉丝'这两个菜,怎么样?"等。

4. 针对性的回答。即宾客问什么,直截了当地作明确答复。例如:宾客问:"餐厅在哪里?"服务员答:"在十一楼。"又如:宾客问:"去机场的巴士什么时候开?"服务员答:"9点30分有一辆面包车准时发车。"宾客问:"这种丝绸是哪儿产的?"服务员答:"太太,这是中国苏州生产的,质量很好。"等。

5. 解释性的回答。当宾客对某事某物存有疑虑或想弄明白而发问时,我们可作解释性的回答。例如:宾客问:"为什么我们点的'佛跳墙'还没有送上来?"服务员答:"对不起,这是一道功夫菜,制作起来需要些时间,不过我马上去厨房问一问,厨师一做好,我就送过来。"又如:一位去年曾住过本饭店的宾客,今年入住时又问服务员:"现在标准间的价格是多少?"显然从他的语气里对饭店的房价是否上涨存有疑虑,为了让宾客宽心,服务员答道:"还是老价钱,680元,对老主顾还可以打九折优惠。"这样说,这位宾客的担心顿时消除,还能享受折扣优惠,更令他高兴不已。

6. 宽慰性的回答。当宾客碰到急事难事而焦急发愁,求助我们帮助解决时,需要我们理解他们的处境与心情,此刻在回答他们的问题时可说些安抚性的话,并随时采取积极有效的措施,尽力向他们伸出援助之手。例如:一外宾不慎在住店期间腿部骨折,经医治虽然基本康复,但还不能行走,而回国的日子临近,正为如何解决登机和办理托运行李的事担忧。由于服务员善于察言观色,当这位外宾说出自己的心事后,便马上和颜悦色地说:"请放心,到时候我们饭店会为您妥善安排的,保证负责为您托运行李,而且我们还会护送您上机场登机,这是我们应该做的。"这一番话语令宾客激动和宽慰,顿时心里踏实多了。又如:有位住店客人一早起床时,发现自己的钱包不见了,十分着急焦虑,请求服务员帮助寻找。服务员在问清楚有关的情况后,便安慰说:"只要您回忆正确无误,那么我们就一定能帮助您找回钱包,现在您不必着急,让我们一起来分析一下您可能放置的地方。"果然不出所料,钱包在宾客的床底下。原来这位宾客昨晚喝过酒,临睡时把钱包塞在枕头下面,夜里翻身,钱包滑落到靠墙一边的床下。由于服务员能在宾客垂头丧气、恐怕找不回丢失的钱包时说了安抚的话语,当失物找到时,宾客连声表示感谢,并称今后再来一定还要住在这里。

上述的实例说明了礼貌服务用语的作用,同时又启示我们要善于说,还要学会听;要学会问,还要善于答;只有这样才能有效地提高我们的服务质量。

六、注意语言要简练,中心要突出

说话是一种口头表达形式。说话语言简练、中心突出,才能达到使对方理解的目的。如果说话啰啰唆唆,转弯抹角,说了一大堆,费了许多时间还讲不清,听者就会厌烦、急躁,甚至产生误会,引起纠纷。在服务过程中,接待服务人员与宾客谈话时间一般不宜过长,否则会影响宾客的休息或其他活动。这是不尊重宾客的失礼行为,也容易使宾客"领教"过一回后,再也不愿与其接触,生怕再受说不清之苦。服务人员的身份和地位决定了职业和岗位上的这一要求,因此必须用简练的语言与宾客交谈。交谈中,只讲与业务工作有关的事,而不东拉西扯谈家常琐事,更不主动询问宾客的私事,尤其是对外宾和女宾,绝对不可打听其婚姻、年龄、薪金、地址等个人隐私。这既是外事纪律、店纪店规的要求,也是尊重宾客的起码常识。在接待服务中,只有在必要时或岗位职责有规定时,才需对某些陈述作简要的重复,如核对账目、接受点菜、提供饮料等情况。这只不过是为了表示核对无误,避免差错和表明自己工作时的专注。

七、注意语调和语速

说话时要注意语言音调和语速的恰当运用,对于不同的对象,要根据实际情况作适当的调整。例如对老年人,说话就要放慢速度,语调中要体现出对长辈的尊敬;对于性急的人,不要故意慢条斯理地说。要知道,说话不仅是在交流信息,同时也是在交流感情。许多复杂的情感往往通过不同的语调和语速表达出来。如明快、爽朗的语调会使人感到大方的气质和直率的性格;声音尖锐刺耳或说话速度过急,会使人感到急躁、产生不耐烦的情绪;有气无力,拖着长长的调子,又会给人一种精神不振、矫揉造作之感。因此,在与宾客谈话时要掌握好音调与节奏,这样也可使口齿清晰。所以我们应该以婉转柔和的语调创造出一种和谐的信息交流气氛,这也是使用礼貌服务用语的要求之一。

八、注意避免机械地使用礼貌服务用语

礼貌服务用语应该是生动的、丰富多彩的。但是由于一些主观原因和客观原因,某些接待服务人员使用礼貌服务用语显得十分机械单一。例如在大堂应接、电梯应接的服务岗位上,有的服务员不善于开动脑筋,只会重复某一问候语,这对初次见面的宾客来说无关紧要,但若是碰上一位在短时间内多次出入这里的宾客,总是反复听到一句"您好"或"您早",岂不令人生厌?饭店服务中确有这样的例子。一天清晨,有位住店的外宾早起跑步,下楼步出电梯时,站立在梯口的应接小姐立即主动热情地向这位宾客致以问候:"早上好,先生。"客人高兴地回答道:"早上好,小姐。"通过大堂时,大门口的应接员也同样向这位宾客表示了问候。约过了半个小时,客人回来时又先后经过大堂和梯口,服务员仍很有礼貌地说"早上好,先生"。客人微笑地点点头,回客房去了。用早餐的时候,客人又乘电梯去餐厅,应接小姐见其路过,又一句"早上好,先生"的热情问候。用好早餐回客房时,在梯口又遇上这位服务员,这位小姐又机械地重复了一次"早上好,先生"。这时客人开始皱起眉头,百思不解,不声不响地乘电梯回房。这天上午,由于需要处理一些事务,这位宾客进出饭店多次,听

到的是千篇一律的问候声,不禁使他不悦:"难道这些服务员还不认得我吗?为什么他们只会说同样的一句问候语?这样刻板的重复还有什么人际感情的交流!"由此可见,对于短时间内多次照面的宾客应该灵活地用不同的敬语来招呼客人,使其产生亲切感和新鲜感。另外,服务员应在岗位规范允许的范围内,交替使用不同的问候语,这样也不至于自己感到重复和单调。事实上,机械性的重复是造成厌倦、精神不振、注意力分散、表情淡漠以及微笑不自然的重要原因。

九、注意不同语言在表达上的区别

不同的语言在表达同一个意思时,习惯上是可能有所不同的。特别是外国语与汉语之间不要简单地画上等号。例如,我们中国人喜欢用"您吃过饭了吗"来表示问候,用"您上哪儿去"来表示对别人的关心。如果把这样的语句机械地译成外语,就会使对方莫名其妙。外宾甚至还会认为你是干涉他的私事,此时礼貌服务用语反倒成了不礼貌的言语了。这种现象告诉我们,学习外语除了记住单词、句型之外,还要弄懂它的表达方式和用途。只有理解的使用才不至于出差错、闹出笑话来。

总之,正确使用礼貌服务用语要在实践中学,在实践中摸索经验。在工作岗位上要虚心向老员工请教。例如有的服务员对来自新加坡的宾客祝贺新年时说"恭喜发财""新年快乐",不仅没取悦宾客,反而受到冷遇。经经验丰富的老员工指点,才知道这种说法不妥当,不符合他们的风俗习惯。又如有的宾客将乘飞机离境回国,说"祝您一路平安"要比"祝您一路顺风"为好,因为顺风对飞机的飞行和降落反而不利。所以说,使用礼貌服务用语时如何才算主动、热情、态度谦逊、用词得当等,都需要经过实践的磨炼才能达到熟练、自然、恰当。

第四节 "十字"礼貌用语的运用要点

"您好""请""谢谢""对不起"和"再见"是日常生活中人际交往所需、社会大力提倡的"十字"礼貌用语。随着社会的进步和文明程度的提高,这些最基本的礼貌用语日益被广泛接受和使用。对于从事旅游工作的从业人员来说,每天要与来自五湖四海的宾客作语言上的沟通和交流,显然,学会正确使用"十字"礼貌用语的意义就非同一般了。

一、问候语"您好"

"您好"是向别人表示敬意的问候语和招呼语,恰当地使用能使双方都感到亲切、温暖。使用时通常需注意以下几点:

1. 欢迎宾客光临时应主动先向宾客招呼说"您好",然后才能说其他服务用语,不要顺序颠倒。

2. 电话总机接线员在为宾客服务时,电话一接通"您好"两字就应脱口而出,接着再报上企业名和其他礼貌服务用语。

3. 企业各部门员工在相互联系工作时或接听外来电话时,也应养成先说"您好"的习惯,以表示主动、热情、谦逊、尊重他人之意。

4. 说"您好"不受时间的限制,也不受交际场合、交际对象的制约。

5. 当别人先向我们打招呼说"您好"时,我们应立即相应回敬说"您好",同时伴以微笑和点头。

6. 在使用时不必拘泥于只用微笑来表示对他人的招呼和问候,也可根据不同的时间使用"早上好""下午好"或"晚上好"。这些用语同样可表示"您好"之意。选用多种含义相同的问候用语还可避免单调或重复。

7. 在使用英语问候时还可对熟人说"您好吗?"(How are you?),这也是一种问候语。

8. 说"您好"有时也可加上称呼语,如"您好,先生"或"先生,您好"。但用英语说"您好"(How do you do?)时,则不加称呼,回答时也用"您好"应答。

二、尊敬语"请"

说"请"本身就包含着对他人的敬意。这个词可单独使用,也可与其他词搭配用,这样能表示更为明确的意义。通常在以下情况下需使用"请"字:

1. 当需要请求别人做某事时用"请"。如"请坐""请用茶""请这边走"等,同时伴以恰当的手势表示恭敬。有时在对方明白自己的手势含义时,也可只说一个"请"字。

2. 在表示对他人关切时,可使用"请"字。如"请别忘了您的东西""请走好""请慢走""路面湿滑,请小心"。

3. 在表示谦让时用"请"。如:乘电梯、上车前用"请"来表示礼让尊重,可说"您先请""女士先请"等。

4. 在要求对方不要做某事时可用"请"字。如:"请不要在这儿吸烟""请勿打扰"等。

5. 在关照或安抚他人时可用"请"字。如:"请稍等,我马上就过来(为您服务)""请各位放心,大家的行李已经集中在大堂,有专人看管着"等。

6. 在希望得到他人谅解时,要用"请"。如:"请原谅""请相信我们不是故意这么做的""请理解我们这里的有关规定",等等。

三、致谢语"谢谢"

"谢谢"是礼貌地表示感激的用语。要说好"谢谢"二字,还得在使用时注意以下要点:

1. 应明确对什么言行举止说"谢谢"。如对他人为我们提供协助、合作、帮助或配合时;又如宾客在酒店消费后,向我们提出宝贵的建议或意见以及对服务工作表示满意、称赞等情况下都需及时使用这句礼貌用语。

2. 不要介意他人对我们说过"谢谢"后有无应答,对宾客致谢应发自内心,决不可流露出丝毫的敷衍。

3. 说"谢谢"时要表情自然,面带微笑,目视对方;"谢谢"二字的重音应在第一个字上,吐字清晰,语速适中,语调柔和,节奏不能呆板。

4. 不要千篇一律、机械地使用"谢谢",可根据实际需要作些变化。如可改说:"多谢""十分感谢""谢谢您的帮助""谢谢您告诉我""谢谢您的称赞"以及"谢谢您为我们解决了这个问题",等等。

5. 通常道谢时只用"谢谢"二字,不一定另加称呼指代。若需加重情感时可根据场合以及对方的年龄、身份、职业、性别、地位等综合因素,作适当的补充。如说成"谢谢各位光临""谢谢您""谢谢在座的各位领导""谢谢大家的关心""谢谢来自大洋彼岸的友好使者",等等。

6. 把握好说"谢谢"的时机和使用频率也是致谢时应注意的,因为这些都是影响能否取得预期效果的关键。所以要研究一下怎么道谢,说多少次"谢谢"和如何变化用词,这方面若能把握得恰当,其效果就自然毋庸置疑。如宾客前来消费,离别时说"谢谢光临,欢迎下次再来",显然这里的"谢谢"只能用在宾客消费后;如需请求他人帮助的话,则应先说"谢谢您帮个忙,好吗",当别人帮过忙后再说声"谢谢",这一前一后的两声"谢谢"用法和含义是不同的。前者意为请求,后者着重表示致谢。"谢谢"不能说得太多,说多了反而会令人生疑,产生虚情假意之感。致谢后要留心对方的反应,观察效果。在通常情况下,对方在听到致谢声后的反应是:说声"不用谢""不必客气"等,也有些人喜欢不作声,报以一笑,显得很有修养。但日常生活中我们偶尔还可能发现另一种情况,即在致谢后,对方面部没有什么反应,好像没听到似的,显得麻木或是不屑一顾地瞧你一眼,毫不在意,当然这是不礼貌的行为。但对于从事服务性工作的人员来说,首先不必计较别人的反应,不应要求别人一定要相应表示什么,最重要的是不能仿效这种做法,而应坚持以诚相待,用自己的热情、礼貌来感染"上帝"。如发现对方对我们的致谢有茫然、不悦反应时,则需要解释一下致谢的原因,使对方理解我们的礼貌行为。

四、致歉语"对不起"

"对不起"是道歉时的礼貌用语,通常是在自己对别人有愧或有过失行为时使用,有请求他人原谅的含义。

使用"对不起"需做到:该说时及时说,不该说时不能说。在以下几种场合下需要说"对不起":

1. 言行举止不当时需使用"对不起",以便取得他人,特别是服务对象的原谅。如:"对不起,我错怪您了""对不起,我把菜上错了,这是我的疏忽"等。

2. 希望得到对方谅解时用。如:"对不起,请稍等片刻""对不起,让您久等了""对不起,打扰您了"等。

3. 当不能满足宾客的需求时用。如:"对不起,您喜欢的这种丝绸卖完了""对不起,我们商店不经营这种商品""对不起,您点的菜我们餐厅没有,是否换一个我们这儿的特色菜"等。

4. 在坚持规章制度又需礼貌待客时用,如:"对不起,在我们酒店住宿必须凭身份证或护照""对不起,我们不能按您的要求出具物品遗失的证明"等。

5. 需引起他人注意时用。如:遇到他人挡道或欲打断别人交谈以便通知要事等情况以及不得不引起他人注意时,可以说:"对不起""对不起,请问您是山姆·拉洛米亚先生吗""对不起,小姐,有您电话"等。

6. "对不起"译成英语时,如含义为抱歉,则应选用"Sorry"表示为宜;如是用作引起对方注意时,则应使用"Excuse me"来表达。这两种使用方法应加以区别,不能混淆。

五、告别语"再见"

"再见"是人们在分别时说的告别语,含有依依不舍、希望重逢的意愿。使用时需掌握好以下几点。

1. 说"再见"要自然、亲切,面带笑容,目光注视对方,不可东张西望,漫不经心,更不要矫揉造作。

2. 通常情况下说"再见",不要把声音故意拖长、放慢,嗓门不宜太大,可适当借助手势来表达,如握握手,客人走远时摆摆手等。

3. 说"再见"时可根据情景需要再说上几句其他的话语,如"希望您再来""祝您一路平安"等。

4. 说"再见"时需注意对象,对于一天多次见面或经常见面的客人,宜用"回头见""下午见""明天见""下星期见"来表示告别,同样有"再见"之意,也更为贴切。

5. 不论打、接电话,在通话结束时,应主动说"再见",以示礼貌。

6. 不要局限用"再见"来向他人告别,可根据送别对象的不同(是常客或是初次相识)及场合不同(在餐厅、商场、大堂门口或是机场、车站、码头)选用不同的告别语,如"请慢走""请走好""晚上见""明年见""一路顺风""欢迎再来""谢谢惠顾"等作补充、替换。

总之,要说好上述"十字"礼貌用语要注意场合、时间、对象、情景,要注意自己的表情、姿态、手势,要注意选用相关的词语作陪衬,不落俗套,恰到好处,使我们的礼貌用语能体现出优质服务和自身的文化修养、文明程度。

本章小结

语言是人们交际的工具,是人与人之间交流思想感情、沟通各类信息的媒介。旅游接待服务人员的语言表达能力直接影响到他的服务质量,礼貌服务用语的恰当运用还能起到事半功倍的效果。本章节中介绍的礼貌服务用语的正确使用方法和"十字"礼貌用语的运用要点都是帮助旅游接待服务人员规范语言、提高其语言能力的有效途径。

思考与练习

1. 什么是礼貌服务用语?
2. 为什么说旅游企业的员工应自觉使用礼貌服务用语?
3. 旅游接待服务人员的礼貌服务用语有哪些基本特点?试举例说明。
4. 如何正确使用礼貌服务用语?
5. 收集、积累和归纳饭店和旅行社各工种岗位上使用的礼貌服务用语,以小组的形式做一次交流讨论。
6. 对服务性行业使用礼貌服务用语的情况做一次社会调查,并发表一下你自己对此的看法。

第 4 章 日常接待服务礼节

> **学习重点**
> ● 日常接待服务的礼节规范
> ● 在接待服务中应注意的礼节禁忌

旅游饭店和旅行社各部门、各个工种岗位上的接待服务人员,都应该自觉讲究礼貌、礼节、礼仪,以示对宾客的尊重和友好。一般来说,下列几种礼节是最为基本和应该熟悉与掌握的:称呼礼节;问候礼节;应答礼节;迎送礼节;操作礼节。从表达和动作上加以区别、归纳,前三种可称为体现在语言上的礼节,而后两种可看作是体现在行为举止上的礼节。

第一节 体现在语言上的礼节

一、称呼礼节

称呼礼节是指接待服务人员在日常工作中与宾客交谈或沟通信息时应恰当使用的称呼。

1. 最为普通的称呼是"先生""太太"和"小姐"。通常"先生"一词用来称呼男性宾客,而不论其年龄大小。"太太"一词一般是在已知对方已婚情况下对女子的尊称。"小姐"一词则主要是对未婚女子的称呼,有时在不了解女宾婚姻状况时也可使用。对于宾客婚姻状况我们除了能从他们填写的登记表上了解到外,还可以从他们手指上佩戴的戒指加以判别。在西方,许多人信仰宗教,凡举行过宗教结婚仪式的人都习惯在无名指上戴有一枚铜质的戒指。男子规定戴在左手的无名指上,女子则规定戴在右手的无名指上。由于这类戒指质地朴实,比较容易与其他豪华、别致的钻石、宝石一类的装饰戒指加以区别。

2. 当我们在得悉宾客的姓名之后,"先生""太太""小姐"这三种称呼就可以与其姓氏或姓名搭配使用,如"史密斯先生""格林太太""简·布朗小姐"等,这能表示对他们的熟悉和重视。这里要注意的是"格林太太"是指"格林先生"的夫人,因为西方人婚后女子是随夫姓的。

3. 遇到有职位或学位的先生,可在"先生"一词前冠以职位或学位,如"总裁先生""博士先生""教授先生"等。

4. 对于政府官员、外交使节或军队中的高级将领,最好再加上"阁下"二字,以示尊敬,如"总统先生阁下""大使先生阁下""将军先生阁下"等。

5. 对于皇帝、皇后、国王、王后,则应称呼为"皇帝陛下""皇后陛下""国王陛下""王后陛下"。

6. 接待亲王、王子或公主时,应称他们为"亲王殿下""王子殿下""公主殿下"。

7. 对于教会中的神职人员,可在其教会职称后加"先生"或在其姓名后加职称,如"牧师先生""布莱克神父"。

8. 凡来自与我国互称同志国家的宾客,可用"同志"相称。有职衔的宾客应同时加上职衔。如"部长同志""团长同志"等。

在接待服务工作中,要切忌使用"喂"来招呼宾客,即使宾客离你距离较远,也不能高声呼喊,而应主动上前去恭敬称呼。

由于各国社会制度不一,民族语言各异,风俗习惯相差很大,因而在称呼上需要多加学习研究,善于正确使用,以免造成误会。同时还应了解各国、各民族的姓名组成和排列顺序的一般规律,用外语称呼时要注意与汉语表达的区别及符合各种外语表达的方式,这也是有助于做好接待服务工作的一个不可忽视的方面。

二、问候礼节

问候礼节是指接待服务人员在日常工作中根据时间、场合和对象用不同的礼貌语言向宾客表示亲切的问候和关心。

1. 与外宾初次相见时应主动说"您好!欢迎到中国来""女士们、先生们,欢迎你们光临我们饭店"等。

2. 一天中不同的时刻遇见宾客可分别说"早上好""下午好""晚上好"。

3. 根据工作情况的需要,在使用上述问候语的同时,最好紧接上一些礼貌服务用语,如:"早上好,先生。您有何吩咐?""您好,小姐。要我帮您提行李吗?""晚上好,太太。先在这儿休息一下如何?"这样就会使对方感到自然和亲切。

4. 旅游接待服务工作人员,不仅要会用汉语来表示对宾客的问候,而且更应掌握用外语(特别是英语、日语)和按照外宾的习惯来表示问候,如"How do you do?"(只能用在初次见面时)、"How are you, Mr. Black?"(用于熟人)。

5. 特别要注意,不同的国家和民族有不同的礼节用语,不能乱用。"你上哪儿去啊?"这类我们中国人当作问候的话是不宜对外宾使用的,这些话会使他们产生误解。因为问他们去哪儿,他们认为是在打听他们的私事,令他们不悦,甚至会产生误解。

6. 在向宾客道别或给宾客送行时,也应注意问候礼节,可以说"晚安""再会""明天见""祝您一路平安""希望您能再次光临"等。

7. 当宾客在我国旅游期间适逢生日或其他喜庆之日,获悉后应及时主动地表示祝贺,可以说"祝您生日快乐""祝您健康长寿"等。

8. 宾客若患病或感觉不舒服,则需要对其表示关心,可以说"是否要我去请医生来""请多保重"等。

9. 当西方传统节日来临之际,我们要向宾客表示节日的祝贺,可以说"祝您圣诞快乐""感恩节好"等。

10. 在接待来华演出的外国文艺团体时,当他们演出归来,应表示衷心的祝贺,称赞他们演出成功,可以说"你们的表演真精彩,太棒了"等。在外国体育代表团来华参加比赛获胜后,也应祝贺他们的胜利,可以说"恭贺你们赢得了冠军"等。

三、应答礼节

应答礼节是指接待服务人员在回答宾客问话时的礼节。

1. 应答宾客的询问要站立说话,不能坐着回答;要思想集中,全神贯注地聆听,不能侧身目视他处,心不在焉;交谈过程中要始终保持精神振作,不能垂头丧气、有气无力;说话时应面带笑容、亲切热情,不能表情冷漠、反应迟钝,必要时还需借助表情和手势来沟通和加深理解。

2. 如果宾客的语速过快或含混不清,可以亲切地说"对不起,请您说慢一点好吗""对不起,请您再说一遍好吗";而不能说"我听不懂,你找别人去",也不能表现出不耐烦、急躁或恐慌的神色,以免造成不必要的误会。对宾客提出的问题要真正明白后再作适当的回答,决不可以不懂装懂、答非所问。

3. 对于一时回答不了或回答不清的问题,可先向宾客致歉,待查询或请示后再向问询者作答。凡是答应宾客随后再作答复的事,届时一定要守信,决不可以不负责任地置之脑后,因为这是一种失礼的行为。

4. 回答宾客的问题时还要做到语气婉转、口齿清晰、语调柔和、声音大小适中。同时,还要注意在对话时要自动地停下手中的其他工作。

5. 在众多宾客问询时要从容不迫地一一作答,不能只顾一位,冷落了其他的人。

6. 对宾客的合理要求要尽量迅速作出使宾客满意的答复;对宾客的过分或无理的要求需能沉得住气,婉言拒绝,如婉转地说:"恐怕不行吧""可能不会吧""很抱歉,我无法满足您的这种要求""这件事我需要同主管商量一下",等等。要时时表现出热情、有教养、有风度。

7. 如果宾客称赞你的良好服务,千万不要在众人面前流露出沾沾自喜的样子,更不能手舞足蹈,忘乎所以,而应保持头脑冷静,报以微笑并谦逊地回答:"谢谢您的夸奖。"

第二节 体现在行为举止上的礼节

一、迎送礼节

迎送礼节是指旅游接待服务人员在迎送宾客时的礼节。这种礼节不仅体现出我们对宾客的欢迎和重视,而且也反映了接待的规格和服务的周到。

1. 当宾客入境抵达机场、码头、车站、下榻的宾馆饭店时,有关接待服务人员应主动上前笑脸相迎,热情招呼。要首先作自我介绍,在征得宾客同意后热情帮助宾客提携行李物品。

2. 如宾客下了飞机需换乘其他交通工具,则应事先尽量做好安排,使来宾感到迅速方便。

3. 上飞机、火车、轮船时要让宾客先行,自己随后紧跟,不能抢先。

4. 接团体客人上车时要按先主宾后随员,先女宾后男宾的惯例,一手拉开车门,一手遮挡车门框上沿,以防宾客头部碰撞到车门框。但注意有两种宾客是不能遮挡的:一是信仰佛教的,因为他们认为这样做"佛光"被遮住了;二是信奉伊斯兰教的。

5. 接送宾客时对于老弱病残幼的宾客,拉开车门后还要主动搀扶其上下车。对不愿他人搀扶的宾客,不必勉强,要尊重其意见,但要多加注意,随时准备采取应急措施。

6. 接送宾客上车,在宾客全部就座后,接待服务人员方可坐下。到达目的地车停稳后,接待服务人员应先下车,再请宾客一一下车。到达下榻处后,应随同宾客一起到前厅总服务台办理登记手续,同时要关心他们的行李安全。

7. 住店手续办好后,接待服务人员要准确无误地把宾客的行李物品送到宾客的房间。

宾客刚到一个陌生地方,如有什么询问要及时耐心解答。要随时了解宾客的要求。在向宾客交代好有关事项后应及时退出客房,不要妨碍他们休息。

8. 当宾客离店或出境时,接待服务人员对因需要而集中的行李物品要清点,避免出现差错。机、车、船启动时应挥手告别,目送其离去。

9. 对于重要的宾客,必要时应组织管理人员和服务人员在大堂或大门口列队迎送。迎送的队伍要排列成行,精神饱满,服装整齐,笑容满面,气氛热烈。在宾客全部进店或离去后,迎送人员方可撤离。

二、操作礼节

操作礼节是指接待服务人员在日常业务工作中的礼节。旅游企业通常都制定了各有关工种、岗位操作礼节的若干规定,如:

1. 为了给宾客提供一个恬静、舒适的环境,要求每个接待服务人员在工作场所应保持安静,不得大声喧哗,更不得聚众开玩笑、唱歌、打扑克或争吵。

2. 宾客有事召唤,不能高声回答;若距离较远,可用点头示意表示自己马上就会前来服务。

3. 如碰上宾客在出席会议、参加会议时需接电话,应轻声呼叫,伸手示意在何处接听电话。

4. 在走廊或过道上,对迎面而来的宾客要礼让在先,主动站立一旁,为宾客让道。与宾客往同一方向行走时,不得抢道先行。

5. 当面为宾客服务时,不可做出抓头皮、搔痒、剔牙、挖耳朵、擤鼻涕、打喷嚏等不文明的举动。

6. 在引领宾客时,要位于宾客左前方二三步处,随客步同时行进,遇到台阶或转弯处需及时侧转身示意宾客留意。

7. 服务中要注意"三轻",即说话轻、走路轻、操作轻。

8. 服务中不准吸烟,吸烟既是违反《员工守则》的行为,也是对宾客不礼貌的举止。

9. 要充分尊重不同国家、不同民族、不同宗教信仰宾客的风俗习惯,还要尊重女宾和老人。

10. 为宾客递送菜肴、点心、饮料、账单、茶水、毛巾之类物品时,要使用托盘。

11. 如工作需要进入宾客住房时,须先轻声敲门并说:"可以进来吗?"待征得许可后方能慢慢推门而入。敲门时动作不要过急过猛,应轻敲一次,稍隔片刻再敲一次。

12. 需进入宾客房间与宾客说明事情时,应简明扼要,不得拖长逗留时间。事毕,马上离开并轻轻把门关上。

13. 在为宾客打扫房间时,决不允许随意翻阅宾客的皮夹、钱包、书刊、杂志、信件及其他物品,也不得动用他们的照相机、录音机、化妆品、衣物等。如果打扫时需移动,在清扫工作做完后,应马上把这些物品按原样放回原处。

14. 打扫房间时,如宾客在房内工作、看书、写字或正与别人交谈,不得在旁窥视、插话。

15. 平时也不能利用工作之便去探问宾客的年龄、薪水、婚姻状况、家庭情况等私事。

16. 如在工作中不慎打坏茶杯等物时,要及时表示歉意并马上清扫、更换。

17. 如宾客不慎损坏易耗物品,应给予安慰并立即更换,不得在宾客面前流露厌烦的情绪和责备的口气。

18. 当宾客来到餐厅出席正式宴会时,接待服务人员应笑脸相迎,主动问好并帮助脱、挂衣帽和代管物品。然后按先女宾后男宾、先主宾后一般来宾的顺序拉开椅子,引宾客入席。

19. 在做西餐宴会服务时,要严格按照西餐服务的程序和西方的礼节进行操作。要特别注意上菜、撤盘、换盘的站立方位和顺序。

20. 在整个宴会过程中,接待服务人员要随时注意站立的位置,不要遮挡来宾的视线,也不要影响出席宴会宾客的活动。

21. 宴会持续的时间要视具体情况而定,接待服务人员切不可不耐烦、草率行事或提前做结束工作。

22. 当宴会结束,宾客起身离厅时,接待服务人员应陪同宾客到衣帽间取衣物,并帮助穿戴,然后送客至餐厅门口,友好话别。

23. 只有在来宾全部离去后,接待服务人员才可以开始清理餐具,打扫餐厅。

24. 对于接待服务的对象,不论其地位高低、来自何方,也不论其民族、肤色、风俗习惯与宗教信仰,更不论其性别、年龄和外貌,每天见面时接待服务人员都应主动热情地招呼问候,切忌冷眼相视或置之不理。对于有生理缺陷、穿着离奇、性格古怪的宾客,不应对他们指指点点、评头论足、乱发议论。

接待服务人员之间应真诚团结,默契配合。有意见、有矛盾决不要在宾客面前流露。在任何情况和场合下都需有自控情感和行为的能力。只有这样,才能保证在操作中不致失礼。

第三节 礼节禁忌

由于各国各民族风俗习惯存在差异,在礼节上也就自然会形成种种不同的忌讳。归纳起来,大致有以下几个方面。

一、语言上的忌讳

(一)称呼忌

在人际交往中,相互称呼是必不可少的,然而,称呼不当也会有违忌讳。如:在对宾客称呼时,不加区别地使用泛称,有些宾客听起来则是忌讳的。"同志""师傅"是泛称,在众多场合对男性或女性都可适用,但在旅游业则未必对宾客适用,应避讳。又如:不能对宾客使用不礼貌、不尊重的称呼。把军人称为"当兵的",把老年人称为"老头""老太太"等都是宾客不能接受的。再如:称呼不当也会使宾客听了不高兴而犯忌。把未婚女性称为"大嫂""小阿姨"都会使人反感。因此需要掌握好称呼的分寸,称呼得当听起来会感觉亲切,反之就会伤感情。

(二)问候忌

问候语是日常生活用语中使用最为广泛的交际语言,具有鲜明的民族习惯色彩。我们中国人习惯使用的问候语通常仅适于在中国人之间运用,如果向外宾表示问候则需按他们的语言习惯使用相应的问候语。如:在我国,人们见面时常用"您好,吃过饭了吗"来表示问候,而对外国人则不能这么说,因为这样会产生误解。

(三)问话忌

人们交谈中必定会有问有答,其中问话就有不少讲究,问话不当常会引起不快。如:对外宾、女性、初次相识的人不能冒失地去问对方的年龄、职业、收入、住址和其他个人隐私等。又如:问话要注意语气婉转,不能直露。接听电话不能先说:"你找谁?"再如:在对方问话后不作回答反而反问一句,这在接待服务中是绝对禁止的。因为这样的反问明显带有蔑视对方的口气,使宾客感到难堪,甚至被激怒。再如:问话要有耐心,不能借此发泄自己心里的情绪,特别是在工作忙碌时不可对宾客说"你快点好不好?我还要为其他人服务呢"之类的话,这种不友好、不耐烦、不礼貌的问语谁都会忌讳的。还有,对宾客决不能使用责问的语句,如:当一位客人点菜时问起菜肴价格,"菜单在你手上,自己不可以先看看吗?"这么一责问,宾客还愿意在此用餐吗?在我们礼貌服务行业用责问的口吻对待顾客是一大忌。

（四）回答忌

在宾客对我们的服务有所需求时,我们给他们的答复却使他们失望,这就是回答的忌讳。这类犯忌常见的有"没有""不知道""我不管""不可以""没空""自己去找"等带有否定语气、表示与己无关或不耐烦的语句。这些词语本身就是服务性行业杜绝使用的,从接待服务人员口中说出来怎不令宾客不满而投诉服务质量呢?向宾客介绍我们的设施设备、服务项目、服务特色本身就是接待服务人员的职责,采取不理、不睬,或否定,或含糊,或欺骗,或搪塞的态度,造成抑制宾客的消费需求,这不仅是宾客忌讳的,也是企业所不能容忍的。

（五）听话忌

听话的忌讳是由于没把对方的话听清楚而造成误解,甚至导致企业声誉和利益受损。如:有位住店客人来到商务中心复印资料,由于乡音重,宾客说的印"4"份被服务员听成是"10"份,印好付款时由于份数不符,而造成宾客不满,饭店浪费了纸张。引起听话忌的主要原因在于语言沟通上存在障碍。中国人之间都说普通话就会避免产生这类不必要的误会;为外宾服务时能用外语交流不但能达到相互理解的目的,同时还能增进友谊。如果服务人员能多学几种方言,对来自东南西北各地的宾客说上几句令他们倍感亲切的家乡语,也就不致发生听话忌的现象。所以说,要克服听话忌,接待服务人员应该平时在语言上下些功夫,同时在工作中多开动脑筋,善于借助手势等身体语言或必要时用纸笔表述来消除误解。

（六）介绍忌

接待服务人员在介绍企业产品、服务特色时,忌用不符合实际的华丽辞藻,夸大其词。此类介绍给人以虚假带有欺骗性的感觉,顾客听了怕上当。

此外,接待服务人员在推销商品时,还忌用祈求顾客消费的语言。如:"这件大衣用料好,做工细,款式新,价格平,买一件吧!"这样的语气看似"热情",实际是一种"诱导""逼迫",客人自然反感。

还有,不可在介绍商品时用刺激性的话语来对待顾客,以怀疑顾客有无购买能力、能否当场决定成交的讥讽语言来引起顾客的消费欲,这显然是违背职业道德的行为,也是犯忌的。

（七）道别忌

向宾客道别切记不要卑躬屈膝,也不要趾高气扬;用语不能俗气,也不能晦涩。使用不当则适得其反,华而不实则显虚伪造作。若服务质量不好,道别时再多的敬语谦词也是无济于事的。要知道告别时犯忌,顾客下次很可能不再来。

（八）粗话忌

从事服务性行业的人都应忌讳粗话,要体现自身的高素质就不可在服务工作中说粗话。因为顾客听了粗话自然不会高兴,而且说粗话会破坏企业形象,也有损于整个员工队伍的素质水平。很多人说话时不知不觉随时会冒出口头禅,如果说"这个这个""对不对""嗯""啊"之类的口头禅还情有可原的话,那么动辄说"讨厌""烦死了"那就不会得到服务对象的谅解了。所以粗话、口头禅都应在工作中注意克服。

二、行为举止上的忌讳

(一)修饰穿戴忌

这里的修饰忌是指在人的仪表仪容上需注意忌讳的方面。如接待服务人员忌浓妆艳抹,上班时忌佩戴项链、耳环、戒指、手链等饰物,双手忌涂抹有色指甲油,头发忌蓬松不齐或长发披肩或把头发染成红色、绿色、褐色等。以上这些忌讳不仅是工作性质所决定的,也是出于对宾客尊重而提出的职业要求。

穿着上忌讳的方面有:穿着不整洁,衣着不合身,上岗不穿工作服及不戴工作帽、工作手套,不佩戴或歪戴、斜戴、掩戴、反戴工号牌、领带、领结、领花,衣领、衣袖不清洁。

(二)举止忌

以下的行为举止在宾客面前是犯忌的。

1. 站立时,忌讳:
(1)弯腰驼背,摇头晃脑,东倒西歪,倚靠在桌、椅或门、墙上,尤其是靠在宾客座椅背上;
(2)把脚踏在凳上或在地上蹭来蹭去,乱踢地上的东西。

2. 就座时,忌讳:
(1)双腿平直伸开呈叉开状,脚尖翘起左右晃动;或把双脚缩在座椅下面;
(2)跷"二郎腿",脚尖对着他人,频繁地抖动;
(3)双手抱膝或手捂小腹处;
(4)不时摆弄手指、衣角、手帕及其他小物件;
(5)旁若无人,整理头发和衣服;
(6)双手交叉于脑后仰坐在工作台旁;
(7)脱掉鞋子或把脚跟露在鞋外。

3. 行走时,忌讳:
(1)急跑步,东张西望;
(2)脚跟着地时用力过度,发出咯咯声响;
(3)行走路线弯曲;
(4)抢道而行,不打招呼;
(5)与人并行时,勾肩搭背。

4. 手势动作忌讳:
(1)在他人面前拉拉扯扯,在他人背后指指点点;
(2)在讲到自己时,用手指点自己的鼻尖;在讲到别人时,用手指点别人;
(3)用手指掏鼻孔、剔牙齿、挖耳朵、抓头皮、打哈欠、搔痒等。

5. 面部表情忌讳:
(1)绷着脸,表情冷漠;
(2)眼神乏力,无精打采;
(3)双眉紧锁;
(4)放声大笑,面部表情失常。

6. 握手时忌讳:
(1)目光不正视对方,心不在焉;

(2)用力过猛,长时间紧握不放,影响对方与别人握手;
(3)握手后当着对方的面马上擦手;
(4)只顾与一人握手,忽视或冷落其他人;
(5)伸出双手同时与两人握手,或者与多人交叉握手;
(6)急不可待地上前与正在握手的人相握;
(7)戴着手套与他人握手;
(8)用双手与女士握手。

7. 服务时忌讳:
(1)将顾客的钱物一扔一丢,而不用双手恭奉;
(2)为顾客包裹商品,磕磕碰碰,包裹不紧不牢;
(3)用手直接接触杯沿、碗口或食品;
(4)收款时,不唱票;
(5)收款后,不出具发票;
(6)工作时慢慢腾腾,故意拖延时间;
(7)放取物品时找不到位置就随意乱放,或东翻西找,记不起原来存放处;
(8)给人指路,漫不经心,随手乱点;
(9)宾客在房内尤其是客人休息时、会客时、祈祷时随意进入,不打招呼。

(三)交谈忌

1. 与宾客交谈,内容忌讳涉及他人隐私,以及他国内政、宗教等问题。
2. 对女士,忌讳询问年龄、婚姻状况、工资收入、家庭地址,更不得议论女士的身材。
3. 在交谈中忌讳吹嘘自己,或者重复啰唆、喋喋不休,也忌讳沉默寡言、无动于衷。
4. 在听取对方讲话时,忌讳打断别人的话语。
5. 在与人交谈时,忌讳使用粗鲁的语言或口头禅;也不得随意开玩笑,尤其是对女士或年长者,更不得以他人的生理缺陷作为笑料。两人交谈时应保持半米的距离。
6. 交谈时,切忌指手画脚、手舞足蹈、举止轻浮。

(四)卫生忌

1. 忌环境不卫生:如客房未换床上用品,未清除纸篓里的垃圾,未做卫生间的清洁,未更换一次性清洁用品,宾客将乘坐的交通工具未做清扫等。又如在宾客消费场所未及时更换已有多个烟蒂的烟缸;公共卫生间未提供洗手液、卫生纸;公共区域的纸屑、脏物而无人及时清除,等等。
2. 忌商品不卫生:如商品过期、变质、有异味;商品陈列处有浮灰陈积;营业员用不洁的布擦拭商品或柜台,用不干净的纸袋包装商品。
3. 忌操作不卫生:如用不洁的器皿盛酒菜,碗盘筷匙用后不经消毒、洗涤,仅擦干就给他人使用;前一批顾客用餐后未清洁桌椅就让下一批顾客入座用餐;用手直接抓食品;上厕所后不洗手就接触食品等其他不讲究食品卫生的行为。

三、宗教信仰、风俗习惯上的忌讳

(一)数字忌

欧美各国多数信奉基督教,普遍认为"13"这个数字是意味"背叛、不幸",因此特别忌讳"13"。在13号(尤其是恰逢星期五)这一天,一般不举行活动。人们甚至对居住的楼层、门牌号、饭店房号、宴会桌号、剧院座号、车牌号等都忌用"13"这个数字。如：有些国家用12号A代替13号的门牌号码；有的剧院里不设13排13号的座位；有的电影院则把12排和14排中间改为过道作为变通的办法。宴会也不安排在13号举行，更忌讳13人同席共餐。

此外，西方人还忌讳"3"，特别在点烟的时候。多数非洲国家忌讳奇数。香港人以及广东籍的华侨忌讳"4"这个数字，在遇到"4"这个数字，就用"两双"或"两个2"来代替。他们不用"4"字做标志，送礼品也忌送"4"个。

（二）颜色忌

各个国家和民族对于颜色的偏爱和忌讳有着不同的解释和原因，这是我们接待服务工作人员需多加留意的。

如：我国崇尚红色和黄色，认为红色代表喜庆、光荣、正义和力量；黄色代表庄严和高贵。西方国家视红色和蓝色为吉祥如意的象征；视黄色为和谐的象征。白色在我国和日本民间历来用作丧葬礼服的颜色，表示肃穆、哀悼。但西方人却用白色作为新娘结婚礼服的颜色，表示纯洁和光明。欧美各国多以黑色为丧礼的颜色，遇有丧事，他们习惯穿黑衣服、系黑领带、戴黑礼帽或黑围巾及黑面纱，在他们看来黑色显得肃穆，能表示对死者的哀悼崇敬，烘托悲哀的气氛。现在我国也流行左臂佩戴黑纱表示对死者的哀悼，这也许是受外来的影响形成的习俗。

巴西人忌讳棕黄色；埃塞俄比亚人忌讳穿黄色服装；叙利亚人忌用黄色，认为此色表示凶丧、不吉利之意；但黄色在委内瑞拉却被用作医护救护标志，受到尊重和爱戴。

蓝色在埃及被看作恶魔；比利时人也最忌蓝色，认为此色不吉利，会带来厄运；但蓝色在荷兰、挪威、瑞士、叙利亚、伊拉克等国却受到喜爱。

土耳其人忌有花色，认为它是凶兆的象征，他们喜用素色装饰家庭。

另外，由于政治、历史上的原因，对颜色的组合使用也有禁忌，如：爱尔兰忌用红、白、蓝色组（因英国国旗中使用这三种颜色）；委内瑞拉忌用红、绿、茶、黑、白色（系表示五大党）。

对于颜色上的忌讳典故很多，饭店服务人员平时不妨多收集些资料，加以研究和记忆，这对做好接待服务工作是颇有益的。

（三）花卉、图案忌

由于各国对花卉、图案有不同的喜恶，所以在对客服务中需加注意，外宾忌讳的花卉、图案应尽量回避。如：不能用菊花、杜鹃花、石竹花、黄色的花和带刺的花献给客人。英国人还忌送百合花，认为此花有死亡之意；荷花在印度、斯里兰卡、埃及、泰国、孟加拉国及我国等被视为"花中君子"，但在日本被视为不祥之物。

大象在印度、泰国被看作吉祥的动物，代表智慧、力量和忠诚，但在英国则忌用大象图案，认为大象是愚蠢、笨拙的象征；在英国还忌用孔雀或孔雀开屏的图案；蝙蝠在我国被视为"福"的象征，但在美国却被视为凶神的象征；日本人还忌讳饰有狐狸和獾图案的物品。

（四）饮食忌

由于人们的民族、宗教信仰和风俗的不同，在饮食选择和口味上都有各自的习惯、嗜好。如南方人以米饭为主食，北方人则多食面粉制品；在口味上，有些地方偏咸，有的爱辣，有的喜甜；有的爱在菜中放醋，也有的少不了在菜中放上大葱大蒜等。这样就自然给人们在饮食上带来了吃什么、不吃什么的问题，特别对少数民族宾客和外宾，我们一定要倍加注意他们的饮食习惯，尊重他们的习俗，不能强求他们在饮食上与我们一致。以下总结出来的三忌是起码要注意做到的：

一忌让宾客食用不吃的食品。如不可向信奉伊斯兰教的信徒推荐猪肉食品,这是犯大忌的。

二忌不按宾客的饮食习惯上菜。我们中国人是先吃菜再喝汤,通常把汤放在最后上桌；而西方人则是先上汤再一道道上菜的,恰巧与我国不同。所以为外宾服务时,若用中餐则按我国的习惯程序上菜；如用西餐则千万要按西餐的程序上菜,这是不能马虎的,不然则犯忌。

三忌使用有缺损的餐具,因为顾客忌不安全。也不要给伊斯兰教徒使用漆器餐具（因含有猪血）和坐猪皮制的椅子,这是他们宗教信仰上最忌讳的。

本章小结

这一章介绍的是日常接待服务工作所应用的礼节和礼节禁忌。对这些礼节和礼节禁忌从各个方面进行归纳,目的在于便于记忆和掌握。要熟练掌握这些工作礼节和熟知礼节禁忌并非难事,关键是平时要注意培养自己讲究礼节的好习惯,留心从点点滴滴去收集礼节知识,并作整理归纳。

思考与练习

1. 旅游接待服务工作中有哪些基本礼节？
2. 旅游企业员工在接待服务中应如何称呼宾客？
3. 旅游企业员工在接待服务中应如何问候宾客？
4. 旅游企业员工在接待宾客询问时应掌握哪些基本要领？
5. 旅游接待服务工作人员在迎送宾客时应注意哪些基本礼节？
6. 为什么说旅游接待服务工作人员在工作中要讲究操作礼节？
7. 在国际交往接待中需注意哪些礼节禁忌？
8. 在老师指导下,分组练习各种礼节。
9. 在老师指导下,各自分别收集各国礼节禁忌并在班上介绍。

第5章 旅游接待服务礼仪规范

> **学习重点**
> - 旅游饭店各部门接待服务人员的工作礼仪规范
> - 旅行社主要接待服务人员的工作礼仪规范

旅游业各企业普遍十分重视对全体员工礼貌、礼节、礼仪的培训和要求,为此,旅游企业一般均制定有适应接待服务需要的礼仪规范。以下着重介绍饭店和旅行社各部门员工在工作岗位上的基本的礼仪须知。

第一节 饭店前厅接待服务人员的工作礼仪规范

前厅是宾客进店首先步入的场所,是饭店的"门面"和"窗口",也是宾客对饭店服务产生深刻印象、作出评价的第一个部门。在这里,宾客接触的服务人员最多、最广,对社会的影响也最大。因此,大堂经理以及大堂的应接员、行李服务员、问讯代办员、预订员、接待员、商务中心文员、收银员、外币兑换员、电梯口应接员、公共区域清洁员、公共卫生间服务员等工作人员在对客服务中能否讲究礼貌礼节,是否注重礼仪就显得尤为重要。

一、大堂经理

1. 在岗位上,做到仪表整洁、仪容端庄、仪态大方,符合《饭店员工守则》中有关规定的要求。

2. 接待宾客时,保持精神饱满,面带微笑,思想集中,注意讲究自己的形象,坐姿、站姿和走姿都要自然得体。

3. 有宾客前来时,应主动上前或起立,彬彬有礼地亲切问候,先请宾客就座,然后慢慢细说。对外宾能用英语或其他外语交谈;对国内客人要说普通话,通常不能用方言。

4. 对宾客提出的问询,要尽力给予全面详细的答复,使对方感到可信、满意。自己能答复的问题,决不借口推托给其他部门解答。对确实不了解、没把握的事,不要不懂装懂,更不能自以为是。

5. 接待宾客要做到百问不厌、用词贴切、简洁明了、口齿清楚。

6. 办事态度踏实、认真,考虑问题全面、周到,愿把困难留给自己,把方便让给宾客,能"急宾客所急"。

7. 在接待宾客投诉时,首先要做到热情相待、耐心听取、冷静分析。即使对方怒气冲天、情绪激动,甚至蛮不讲理,也不能受其影响而冲动。相反,要心平气和、善解人意、逐步引导,充分尊重投诉者的心情,显出自己有文化、有教养、有风度,并有能力帮助宾客处理好事务。

8. 在听取宾客投诉时,应同时做好必要的书面记录,表示店方对此事的重视,避免宾客误认为在敷衍了事,办事草率。

9. 在宾客陈述事件的过程中,不随意插话,也不得打断对方的讲话,让其在平静的气氛中发泄心里的怨气,以便缓和矛盾,也可使投诉者获得心理上的平衡。

10. 对宾客的投诉,除表示理解、同情、重视、关心之外,还要迅速根据实际情况作必要的查核,拿出妥善解决的办法。但需注意的是,处理问题不能主观武断,不得轻易表态,不要简单回答"是"或"非",更不可擅自作不合实际的许诺,以免饭店遭受不必要的名誉损失和经济损失。

11. 大堂是人来人往的公共场所,为不影响其他宾客的正常活动,对大声喧嚷、粗暴无理的投诉者可另择场所单独接待。

12. 作为饭店服务的一个重要窗口,工作场所又处于"众目睽睽"之下,大堂经理如遇突发紧急事件需要处理,要沉着、冷静、果断,及时与有关方面通报信息,尽快求得指示和协助,在礼貌服务中体现出优质、高效。

13. 作为饭店对客服务的代表,大堂经理应成为使用礼貌用语的表率,出言谨慎,口气婉转,态度诚恳,谦逊有礼。在任何情况下,不与宾客争辩,做到骂不还口、打不还手。

14. 要善于察言观色,适时地用征询、商量、建议性的口吻与宾客交谈;要善于分析问题、判断是非,即使在对方理亏的情况下,也不要让其丢失面子。

15. 每次接待结束,要主动先向宾客致谢,"感谢您对我店的关心"之类的话,语气要自然、诚挚。

16. 大堂经理的工作,接触面广,沟通联络多,对外是饭店的公关形象。在与饭店内部各部门的协作中,也应注意搞好人际关系,团结互助,友善谦让,共同配合,使对宾客的礼貌服务日臻完善。

二、大堂应接员

1. 上岗前,要做好仪表仪容的自我检查,做到仪表整洁、仪容端庄,符合《饭店员工守则》中有关规定的要求。

2. 上岗后,要做到站姿端正、精神饱满、面带微笑、全神贯注,随时做好迎送宾客的准备。

3. 见到宾客光临,应主动上前彬彬有礼地问候,表示热忱的欢迎。说:"先生/太太/小姐,早上/下午/晚上好,欢迎光临。"若是老客人或常住客人,问候时宜以姓氏称呼:"××先生/××太太/××小姐,您好。"对外宾用外语,对国内客人说普通话,语言清晰。

4. 宾客乘坐的车辆抵达时,要主动热情相迎;车辆停妥后,要为宾客开启车门,一手拉开车门,一手遮挡车辆门框上沿,以免宾客下车时碰痛头部。宾客下车后即热情问候。

5. 凡遇老、弱、病、残、幼、孕的宾客,要适度搀扶,倍加关心。

6. 宾客下车后,要注意车座上是否有他们遗忘的物品,如发现,要及时提醒或帮助宾客取出。对宾客的物品要轻拿轻放,对贵重的和易碎的物品,切忌毫不在乎地随地乱丢或叠起、重压。

7. 宾客离店需要出租车时,大堂应接员要主动向车辆驾驶员示意。宾客上车时,要为宾客开启车门,一手将车门拉开,一手遮挡车辆门框上沿,以免宾客上车时碰痛头部。待宾客坐稳后,要向宾客微笑道别:"先生/太太/小姐,谢谢光临,再见。"然后将车门轻轻关上,同时注意不要让宾客的衣裙被车门夹住,门要关得恰到好处,不能太轻而关不上,也不能太重而惊吓客人。车辆启动时,应面带笑容,向宾客挥手致意,目送离去。

8. 站立在大堂主门内一侧的应接员要主动为出入的宾客拉门,当宾客走近时,应微笑目视宾客,及时拉开大门迎候。当宾客靠近时,要行点头礼,并亲切问好。若知宾客姓名,应用宾客的姓氏称呼。

9. 在没有宾客进出时,大门保持关闭状态。应接员不可将身体靠在门上,或将手臂搁在门把上。

10. 若遇宾客问询,应礼貌地给予回答;如不能确切地告知时,应请同事帮忙或请上级解决,决不可将错误的或不确定的信息传递给宾客。

11. 接待团体宾客时,应连续向宾客点头致意、问候;如遇宾客先致意,要及时还礼。

12. 下雨时,要撑伞应接,以防宾客被雨淋湿。

13. 下雨时,要将宾客带入的雨伞放在专设的伞架上,并代为保管。

14. 迎送中外宾客要一视同仁,不得出言不逊。

15. 要保持岗位周围环境的卫生和整洁。

三、行李服务员

1. 上岗前,要做好仪表仪容的自我检查,做到仪表整洁、仪容端庄,符合《饭店员工守则》中有关规定的要求。

2. 工作期间始终坚持站立服务,站姿端正,精神饱满,面带微笑,思想集中。

3. 有散客抵店时,要向宾客点头微笑,以示欢迎。

4. 要主动帮助宾客从车上卸下行李,问清行李件数,同时记下宾客所乘坐到店的车牌号码,以便万一有差错时,可据此迅速查找行李下落。

5. 对宾客的物品要轻拿轻放,对贵重易碎的物品,切忌毫不在乎地随地乱丢或叠起、重压。

6. 帮助宾客提携行李物品时,既要主动热情,也要充分尊重宾客的意愿。凡宾客自己要亲自提携的物品,就不能过分热情地强行要求帮助提携。

7. 要引领宾客到服务台登记处,办理入住手续。宾客在登记时,行李员应以正确的站姿侍立在宾客身后约2米处,看管好宾客的行李并随时接受宾客的呼唤。

8. 登记手续完毕后,要按服务台接待员安排的房号将行李送进客房。陪送宾客乘电梯时,应礼让宾客先入电梯,不得自己先行。到达时也应示意宾客先出电梯。

9. 陪同宾客到楼面(层)时,必须先与该楼面(层)的客房服务员取得联系。尾随宾客进客房后,要迅速把行李物品放在行李架上或按宾客的盼咐要求放好,并当面向宾客交代清楚。告别后随即退出,切勿逗留或索取小费。

10. 离房时,轻轻地把房门关上,不可用力过猛,以免发出巨响而惊吓宾客。

11. 送客离店时,要先问清宾客共有多少件行李物品,然后小心地提携(行李多时应使用行李车搬运),并全程负责运送到大门口的车辆上。

12. 安放好行李后,不要立即转身离去,而应向宾客作一交代,并躬身施礼感谢光顾和致告别语:"祝您旅途愉快,欢迎下次再来!"

13. 当宾客来到行李寄存处要求寄存物品时,应首先礼貌地问清行李中有无贵重物品和易碎物品,如有贵重物品,可用建议的口吻介绍宾客把这些物品存放在饭店的保险箱内。

14. 要主动提示宾客把行李上锁,未上锁的应当着宾客面用封条将行李封好,对寄存的易碎物品上要挂上"小心轻放"的标牌,以示对宾客行李物品的重视和负责。

15. 在宾客寄存和取出行李物品时,要确保无误。经常清洁、保养行李车、行李网罩等设备工具,保持工作场所环境的卫生、整洁。

四、问讯代办员

1. 上岗前,要做好仪表仪容的自我检查,做到仪表整洁、仪容端庄,符合《饭店员工守则》中有关规定的要求。

2. 工作时间始终坚持站立服务,站姿端正,精神饱满,面带微笑,思想集中。

3. 热情接待每一位中外宾客,做到有问必答、百问不厌、用词得当、简洁明了。对饭店的设施,各部门的服务时间、具体位置,市内交通,旅游景点,商业区等情况应详细回答清楚。本职业务要熟悉,不能说"也许""大概"之类没有把握或含混不清的话。

4. 自己能作答复的,不推给别人来回答。

5. 答复宾客问询时,对不知道的事,不要不懂装懂,也不要轻率地说"我不知道",而应该请宾客稍等一下,然后向有关人员请教,问清后再给宾客一个满意的答复,如说"对不起,先生,这个问题我去问一下再答复您,请稍等片刻"。

6. 对宾客提出的问题,经过努力仍无法解答时,可向宾客耐心解释,以求得谅解,并表示歉意,但要尽量避免这种情况发生。

7. 在接待宾客问询时,要做有心人,热心为他们当好参谋。

8. 要做到"急宾客所急",尽职尽力为宾客服务,如查询电话、出借雨具等。

9. 在任何情况下都不得讥笑、讽刺宾客,不得与客人争辩,决不能言语粗俗、举止鲁莽。

10. 在宾客因误解、不满而投诉时,要以诚恳的态度耐心听取宾客的意见,不得中途打断,更不能回避、置之不理。

11. 要及时把信件、汇款等邮件交给住店宾客,不得随意拖延。交递时要微笑招呼、敬语当先。

12. 无论是收取还是分发邮件,一定要准确无误。

13. 对离店宾客的邮件要及时按宾客留下的地址批转退回,时时处处要体现认真负责的服务精神。

14. 为宾客代办各种机票、车票、船票、戏票时,要按宾客的要求去办。如遇到困难或情况发生变化,要及时征求宾客意见,让宾客决定,接待服务人员不得自作主张。

15. 在无法满足宾客要求时,不要随意编造理由,致歉态度要诚恳,以求对方谅解。

16. 代客修理物品时,不要怕麻烦,小修小补,立等可取;大小生意,一视同仁。

17. 要尽量帮助宾客解难,不在宾客面前说"不行,我们没有空""我们从来没有修过这种物品"之类的话。

18. 要向宾客提供电话号码簿,市内交通游览图,航空、水、陆交通时刻表,饭店服务指南,还要设邮件架、钥匙投放箱、告示牌、日历牌、天气预报牌以及寻人服务牌。鉴于办公桌上陈放着电话、电脑、灯具及各类表格,物品繁多,须特别注意讲究工作环境的整洁,做到无浮尘、无污迹。装饰点缀的盆景鲜花应常保鲜艳。这也是礼貌服务中不可忽略的一个方面。

五、预订员

1. 在工作岗位上,仪表整洁,仪容端庄,符合《饭店员工守则》中有关规定的要求。

2. 工作时间要精神饱满,注意讲究自己的坐、立、行的姿态。

3. 热情接待宾客来电、来函、传真、电子邮件或上门等各种形式的预订,服务规范,程序完善,对客负责。

4. 如有房间，要及时登记，并对宾客的惠顾表示感谢；若客满，要表示歉意，再用征询、建议的语气与宾客商讨能否用其他方法解决。不能简单地说"对不起，客满了"，而应该说"请您稍等，我再仔细查核一下"。然后再说"实在抱歉，房间已排满了，谢谢您对我店的厚爱，欢迎今后光临"，或立即当面热心为宾客联系其他同类饭店。

5. 如宾客通过电话订房，要注意听电话的方式，敬语当先、礼貌待客。及时记录宾客的要求，并向宾客复述一遍，防止差错或遗漏。如因客满而无法接受预订时，要表示歉意，不要含糊其词，避免误解和影响饭店声誉。

6. 接受宾客订房后要讲信誉，不能任意更改原定契约。在宾客到来前落实好预订的各项要求，与其他有关部门默契配合，加强协作，谨防出错。

7. 若由于某种原因出现重复排房等问题时，要保持头脑清醒，分析原因，妥善解决，不能在宾客面前与其他相关人员争执，更不能对抱怨的宾客无礼。凡属饭店方面的责任，要内部协调、灵活处理，尽量满足宾客的要求，并深表歉意；如属宾客的责任，也不能责备宾客，而应把客人当"上帝"，另外设法安排。礼貌服务是维护饭店声誉的需要，也是争取客源的积极措施。

8. 要保持工作场所的清洁卫生，文件物品不得任意堆放，废纸不要随地丢弃，要给来访的宾客留下文明办公、环境整洁的良好印象。

六、接待员

1. 上岗前，要做好仪表仪容的自我检查，做到仪表整洁、仪容端庄，符合《饭店员工守则》中有关规定的要求。

2. 在岗位上，要坚持站立服务，精神饱满，面带微笑，热情问候每一位前来的宾客。双目正视对方，上半身略微向前倾："您好，欢迎光临"或"请问，您预订过房间吗？"

3. 听清宾客的要求后，请其填写住宿登记单，并尽量按宾客的需求为其安排好房间。必要时还可灵活根据房源情况向宾客推荐本店的特色套房，以满足某些宾客的特殊需要。

4. 当宾客一时增多，接待工作繁忙时，既要按先后顺序依次一一办理入住手续，还应关心到所有的客人。要做到办理一个，接待下一个，招呼后一个，务必不使宾客感到受冷落。对中外宾客要一视同仁，不能厚此薄彼。

5. 在不失礼的情况下，仔细验看宾客的证件，与登记单核对无误后即迅速交还并致谢："好了，谢谢您。"

6. 如遇当天住房已满，要向宾客作好解释，热情向其推荐其他饭店；要当着宾客面主动用电话与其他饭店联系，尽量设法解决，并欢迎他以后再来。对原已预订过房间的宾客，一定要保留好房间，不能随意把房间租让给他人，以免预订过房间的宾客到达后无房居住，造成不良影响。

7. 把房间钥匙交给宾客时，不可一扔了之，举止失礼。应彬彬有礼地说："先生，我们为您准备了一间朝南的套间，舒适安静，房号是××××。这是房间钥匙，这位行李员马上陪您前去，祝您愉快！"

8. 重要的宾客入住后，接待员可在部门经理授意下用电话探询宾客的意见，使其感到饭店的关心和重视，可以说："这个房间您觉得满意吗？""若有事情请尽管吩咐，我们随时乐意听候吩咐。"

9. 做好客史档案工作，使接待常客时能有的放矢地礼貌服务，防止因疏忽而怠慢。

10. 要经常保持工作场所环境的卫生整洁,桌上的办公用品要放置整齐,给宾客留下办事讲效率、礼貌又文明的好印象。

七、商务中心文员

1. 在工作岗位上,仪表整洁,仪容端庄,仪态大方,符合《饭店员工守则》中有关规定的要求。

2. 工作时间要精神饱满,注意讲究自己的坐、立、行的姿态。

3. 要主动热情地接待客户,微笑问候,敬语当先:"您好,先生,请问您需要我们提供什么服务?"

4. 办事认真,讲究效率,尊重客户的意愿,不得漫不经心、抱无所谓的态度。

5. 承办打字、复印、扫描、翻译、传真、快递等项业务时,要做到准确、快捷、细心、周到,杜绝出现差错。

6. 在同时接待数位客户时,应先向各位打好招呼,按先后次序一一受理,忙而不乱,有条理。

7. 注重信誉,确保质量,收费公道,代客保密。

8. 不得利用职务之便以权谋私,不向客户换汇、套汇,维护人格、国格。

9. 客户若对服务不满时,商务中心文员说话态度要谦和,语气要委婉,应作耐心解释,但不得与客户争辩。

10. 商务中心的办公室是接待客户的服务场所,所以一定要做到环境卫生整洁,使客户感到方便、舒适。

八、收银员

1. 在工作岗位上,仪表整洁,仪容端庄,符合《饭店员工守则》中有关规定的要求。

2. 工作时间要精神饱满,态度可亲,随时接待前来付款结账的宾客。

3. 要热情接待每一位中外宾客,笑脸相迎,亲切问候;收付款项清点准确,动作娴熟,尽量做到不让宾客久等;在人多排队时,应打招呼,表示自己会加速办理。

4. 收银工作切记要细心,收款当场唱票,交付找零和开具收据要言明,丝毫不得含糊、马虎了事,避免付款人对账目结算是否正确产生怀疑。

5. 对想用外币直接支付费用的外宾要耐心做好解释工作,正确宣传我国的金融外汇政策,不要用生硬的态度拒收,更不可与客人发生争吵。

6. 工作中要时时想到把方便让给客人,把困难留给自己。

7. 每次结账完毕,都要向宾客亲切致谢,欢迎再次光临。

8. 对办理离店结账手续的宾客,要说一些热情洋溢的感谢语和告别语,给宾客留下彬彬有礼的深刻印象,吸引宾客今后再次光临。

9. 收银处的环境卫生和整洁是不可忽略的,工作台上不应杂乱无章,各种用品应陈放得井井有条,这样也可在工作繁忙时不至于因手忙脚乱而造成不必要的差错。

九、外币兑换员

1. 在工作岗位上,仪表整洁,仪容端庄,符合《饭店员工守则》中有关规定的要求。

2. 工作时间要精神饱满,态度可亲,随时接待前来兑换外币的宾客。

3. 要热情接待每一位宾客,笑脸相迎,亲切致意,迅速主动递上兑换单,请宾客填写。

4. 收到款项要准确清点,并与兑换单及时核对,若有不符,立即当面说明,动作娴熟,符合规范。

5. 对兑换的外币如有疑点,要认真甄别,既不要以假当真,也不能把真当假,不可武断草率处置,避免与宾客发生误会或争执。

6. 在服务工作中,万一与宾客发生纠纷,要妥善处理,不要在柜台前当着众人面与宾客争论不休。

7. 在人多排队时,要向等候的人群打招呼,在细心、严格、不出差错的前提下,抓紧办理。

8. 兑换外币工作切记要细心,收款当场唱票,交付钱款和单据要言明,收付两清,干净利落。

9. 严格执行国家的外汇政策,自觉遵守职业道德,不以权谋私套汇;不做违反纪律,有损人格、国格的事情。

10. 服务完毕时,向宾客致谢,表示欢迎下次再来和乐意为宾客服务。

十、电梯口应接员

1. 上岗前,要做好仪表仪容的自我检查,做到仪表整洁、仪容端庄,符合《饭店员工守则》中规定的有关这一岗位的具体要求。

2. 在岗位上,要始终精神饱满,面带微笑,站姿正确,思想集中,注意来往的宾客。

3. 见到有宾客前来乘电梯,要主动热情上前问候,并为客人按铃牌、挡电梯门,并用手示意礼貌地请宾客入电梯;在电梯门缓缓关闭前,站在规定的位置上微微躬身致意。

4. 当宾客步出电梯时,也要亲切问候,敬请客人慢走。

5. 迎送中外宾客要一视同仁,对外宾应灵活使用不同的外语,对国内宾客使用普通话。

6. 站立的位置要适宜,人多时需灵活退让,以不影响宾客行走为佳。

7. 电梯门行将关闭时,若有急于搭乘的宾客赶到,要尽量照顾关心。电梯若已满载,应及时示意,并用礼貌用语表示歉意:"对不起,已满员,请稍候。"

8. 要关心最后入梯宾客的安全,防止碰痛其手脚。

9. 对老、弱、病、残、幼、孕等宾客,要主动将其搀扶入电梯,待其站稳后方可启动电梯运行。

10. 要善意劝阻儿童切勿擅自按动电梯开关,以防发生意外事故。

11. 万一电梯运行时发生故障,发现后应立即与总机联系,通知工程维修部门马上派人来抢修。

12. 对因电梯发生故障而受惊的宾客要表示歉意,耐心解释,决不要在宾客面前流露出事不关己的表情,更不得与宾客发生争执。

13. 如发现醉汉、精神病患者或衣冠不整等不受欢迎的人,有责任予以劝阻,并协助大堂经理和保安人员妥善处理。

14. 由于工作中站立的位置有可能与等候乘梯的宾客比较靠近,所以上岗前不能吃大蒜、大葱等气味强烈的食品。

15. 注意保持工作岗位周围环境的清洁卫生。

十一、公卫清洁员

1. 按《饭店员工守则》中的有关规定着装上岗工作,注意自己穿着的工作服要保持整洁,常洗常换。

2. 讲究个人卫生,做到"五勤""三要""五不"和"两个注意"。

3. 工作中要提醒客人留意;给客人带来不便时,要使用"请当心""劳驾""打扰您了""多谢"等礼貌用语。

4. 工作中要保持精神饱满,表情自然,动作勤快,手脚利索,敬业爱业。不要难为情,不应有低人一等的自卑感。

5. 在大堂,用尘拖清除浮尘时,要随时留意周围走动的行人,见宾客走来要主动让道,不要妨碍他人的活动。

6. 清理烟灰缸、清除废纸杂物,次数要勤,操作要轻,动作要规范。若有宾客在旁,要微笑点头示意,礼貌问候。

7. 遇有在雨天揩拭大理石地面积水、在高处清洁楼梯扶手等情况时,要注意过路宾客的安全,一定要安置示意牌,文明施工。

8. 要遵守店纪店规,不得离岗,擅自到其他部门走动,也不要与其他清洁员或服务员在工作场所扎堆聊天,大声谈笑。

十二、公共卫生间服务员

1. 按《饭店员工守则》中的有关规定着装上岗,务必保持工作服整洁,常洗常换。

2. 讲究个人卫生,做到"五勤""三要""五不"和"两个注意"。

3. 宾客一进入卫生间,就应该主动问候,"请"字当头。

4. 留意宾客的需求,服务意识要强,及时为宾客介绍安放随身物品的位置。

5. 宾客用厕完毕时,迅速示意何处洗手,领先一步拧开水龙头,调节好水温,提供香皂或皂液,以给宾客净手。

6. 宾客洗净手后,用夹子递上小方巾或纸巾,让宾客擦干手,或打开烘干器,方便宾客烘干。

7. 根据宾客不同的需求,可适时递上木梳、指甲钳等供其使用。见宾客双肩落有头屑时,可帮助刷去,要给宾客感觉到自己享受到了殷勤周到的服务。

8. 要视以上小服务为本职工作,并不失自己的尊严,不要向宾客索要小费。

9. 宾客离去时,要送到门口,主动拉门,礼貌道别,说声"请慢走"。

10. 卫生间内无宾客使用时,不要表现懒散,随处靠坐,更不得一人在内吸烟、看书。

第二节 饭店客房接待服务人员的工作礼仪规范

客房是住店宾客的主要休息场所,客房服务员要承担宾客大部分的日常生活服务。显然,在很大程度上,饭店的声誉取决于客房服务的水平和质量。客房服务员、清洁员在服务中务必要做到:

1. 上岗前,要做好仪表仪容的自我检查,做到仪表整洁、仪容端庄,符合《饭店员工守则》中有关规定的要求。

2. 在工作时间要保持精神饱满,面带微笑,思想集中,随时准备好为宾客提供必要的服务,听候宾客的召唤。

3. 有宾客要入住房间,在接到通知后应热情迎候,致辞欢迎:"您好,欢迎!"语调要亲切,感情要诚挚,使宾客有"宾至如归"之感。

4. 逢节假日,对宾客要致特别的问候,如"新年好""圣诞快乐""欢迎您的到来"等。

5. 对新婚度蜜月的宾客,应说些吉利的祝贺语,如"欢迎下榻本店,十分荣幸能为你们服务,衷心祝愿你们新婚愉快"等。

6. 除有行李员帮助宾客提携行李之外,必要时,可察言观色,向宾客提供协助,但不得硬性坚持把宾客手中的东西拿过来。

7. 对于老、弱、病、残、幼、孕等宾客,要及时适度地搀扶,给予关心和照料。

8. 引领宾客时要位于宾客左前方二三步处,按宾客行走的速度前往。途中如遇拐弯,还应主动示意。

9. 开门后要侧身一旁,礼貌地敬请宾客首先步入。

10. 宾客进房后,应根据宾客的习俗和需求,灵活掌握是否递送小毛巾和茶水;服务时勿忘使用托盘和毛巾夹钳,注意讲究卫生。

11. 对于不太了解如何使用房间设备的宾客,要及时有礼貌地作些介绍。

12. 对房内冰箱里的饮料收费方式要婉转地向宾客说明清楚。

13. 在明确宾客没有其他需求后,应立即退出客房,不得逗留,以免影响宾客休息。走时说上一句"有事请吩咐",或"如有需要,请打××号分机,我随时恭候"。

14. 宾客如需了解饭店的餐厅、商场、商务中心、美容中心等位置或市内交通情况时,有义务作介绍,帮助宾客熟悉环境。

15. 如宾客需要在房内用膳,要及时按宾客的具体要求通知餐饮部备餐,按时送入。

16. 要经常为宾客主动提供擦皮鞋之类的小服务,及时为宾客传递邮件和报纸杂志。

17. 要尽量满足宾客提出的一切正当需求,如更换毛巾、添置浴帽、肥皂等用品。这些工作最好能想在宾客需求之前。

18. 宾客接待访客时,要主动送上茶水,征询宾客意见和是否还有其他要求。

19. 宾客身体如有不适,要主动关心,询问是否需要诊治。

20. 当宾客提出房内有设备坏了需要修理时,应立即与工程维修部门联系,及时解决。如果维修人员一时没空前来,则须向宾客作出解释,争取求得谅解,不能漠不关心、无动于衷。

21. 因工作需要进入客房时,首先必须按门铃,并报出自己的身份和来意,在征得宾客同意后方可入内,不得擅自闯入。

22. 在打扫客房时,不得擅自翻阅宾客的物品,因清扫需移动,也得将原物归还原处,小心轻放,不要有损。在服务过程中也不得在客房内使用电话,或接听宾客的电话。

23. 在客房内工作时,要把房门敞开,不得关闭,这既是饭店的规定,也是避免宾客产生误解、怀疑的措施。

24. 被宾客唤进客房时,要把门半掩着,不要随手关上,即使宾客盛情关照请坐,也应婉言谢绝。不要暗示或明确向宾客索要物品或小费,不做有损人格、国格的事。

25. 当房门上挂有"请勿打扰"牌子时,绝对不要擅自入内。

26. 为宾客收、送烫洗的衣服时,要遵时守信,不要搞错,不能弄脏。

27. 平时见到宾客进出,要主动招呼问候、微笑示意,不得视而不见、不予理睬、一走了之。

28. 逢到重要宾客生日,要上门祝贺,代表饭店送上蛋糕或其他礼品。

29. 工作中不要与其他服务员嬉笑或大声喧哗。值晚班时,夜深人静,讲话更要轻声细语,不能影响宾客休息。

30. 不得与其他服务员聚集在一起议论宾客的仪表、仪容、仪态或生理缺陷,更不可给宾客起绰号。

31. 不得向宾客打听其个人的年龄、收入、婚姻状况等私事。

32. 不要拾取宾客丢弃的任何物品。

33. 宾客在与别人交谈时,不要上前插话,或无意识地以其他形式进行干扰。

34. 在工作中,如宾客挡道,要客气地示意打招呼,请求协助。在过道上行走时,见宾客前来或要超越,应主动站立一侧让道,宾客致谢后,也要说"不用客气"。

35. 不可在客房外的走道上奔跑,造出紧张气氛,以免惊吓宾客。

36. 不要当着访客的面要求宾客当场付账取款。

37. 工作中若发生差错,要主动、诚恳地道歉,求得宾客谅解,不得强词夺理、推卸责任。

38. 对待宾客的投诉,不得辩解。应先认真耐心听取,然后表示理解。即使责任在宾客一方,也要以谦和的态度做说服工作,尽量消除误会。对投诉过的宾客,不要敬而远之、另眼相看,仍应为其热诚服务。

39. 宾客离店时,要亲切告别:"多谢光顾,欢迎再来",并祝宾客旅途愉快。宾客离店后,若发现宾客的遗忘物品,要尽快设法送还。

第三节 饭店餐厅接待服务人员的工作礼仪规范

餐厅是宾客用膳的主要场所。各工种岗位上的服务员要向宾客提供面对面的服务,其特点是面广、量大、频繁、需求多、时间长。要使宾客在这里享用美味佳肴的同时,又感受到主动、热情、耐心、周到的温馨服务,餐厅服务员们包括餐厅迎宾领台、值台、走菜服务员就须在工作中十分熟悉以下的礼仪规范:

1. 上岗前,全体餐厅接待服务人员都应做好仪表仪容的自我检查,要做到仪表整洁、仪态端庄,符合《饭店员工守则》中规定的要求。

2. 每个接待服务人员必须坚守岗位,随时准备向前来用餐的宾客提供规范的礼仪服务。

3. 宾客来到时,领台员要热情上前主动迎宾,并致以亲切的问候:"欢迎光临,请问一共有几位?""您好,请问,您预订过了吗?""这边请。"面部表情要自然、和蔼可亲。

4. 如果有男女宾客一同前来,则要先问候女宾,然后再问候男宾。

5. 见到年老体残的宾客,要主动上前适度搀扶,悉心照料。

6. 若有重要宾客光临,要把他们引领到本餐厅最佳的位置或事先已安排好的包房,以示重视。

7. 遇情侣、夫妇来用餐,适宜引领到餐厅一角的雅座入席,以便于他们说悄悄话。

8. 见到服饰华丽、容貌漂亮的女宾到来时,要把她引领到能使众多宾客均看得到的显眼位置上,以满足这类宾客心理上的需要,又可使餐厅增添华贵的气氛。

9. 接待全家或众多亲朋前来聚餐的宾客,宜引领到方便他们团聚说笑又不干扰其他宾客用餐的位置。

10. 对年老体弱的宾客前来用餐,应尽可能安排在出入比较方便、离入口较近的地方。

11. 对于有明显生理缺陷的宾客,要注意考虑安排在适当的位置,以能遮掩生理缺陷为宜。

12. 引领座位时,要充分尊重宾客的意愿,尽量满足他们的选择,不得硬性安排。

13. 宾客通常喜欢选择餐厅里靠窗、用餐过程中能观赏风景的座位。但遇到此位已有人预订的情况,应作适当的解释,表示歉意,然后再向其介绍其他的雅座,直到让宾客满意为止。

14. 靠近厨房出入口的座位往往不受宾客的欢迎,对那些无奈安排在这张餐桌上就餐的宾客要多说几句抱歉的话:"今天客人太多,坐这里委屈您了。下次光临,一定为您准备个好位子。"

15. 在用餐高峰,餐厅内已无空位时,应对前来的宾客表示歉意,并及时安排他们先在休息室稍候。一旦有了空位,要马上重新整理好餐桌,并及时引领宾客入座。

16. 当宾客走近餐桌时,值台员应以轻捷的动作,用双手拉开座椅,招呼宾客就座。

17. 待宾客屈腿入座的同时,轻轻地推上座椅,使宾客坐好、坐稳。推椅的动作要适度,注意与宾客的默契配合。

18. 如有儿童用餐,要主动调整座椅,方便儿童入座,妥善处置。

19. 如有宾客需脱外衣或安放随带物品时,要主动协助。

20. 宾客入座后,服务要跟上,不能让宾客坐等。用托盘送上擦手的小毛巾和茶水,依次分派给宾客享用,并礼貌地招呼宾客"先生,请",以便引起宾客的注意。

21. 递茶给宾客时,切忌手指接触到茶杯杯口,使用玻璃水杯时,要尽量先垫上杯托,以免宾客烫手,方便宾客使用。

22. 值台员要随时注意宾客要菜单的示意,适时主动送上菜单。

23. 递送的菜单要干净、无污迹;递送时态度要恭敬,宜用双手从左侧将菜单递上,切不可随意把菜单往宾客手中一塞或扔在餐桌上一走了之,这是极不礼貌的行为。

24. 请宾客点菜要耐心等候,不要去催促,应让宾客有充分的时间去考虑选择或商量决定。

25. 接受宾客点菜时,要注意站立的位置,身体不能紧靠餐桌,手也不能按在餐桌上。同宾客说话时要始终保持面带笑容,上半身略微前倾,思想集中地听清宾客所选择的菜肴、点心、水果和饮料,并及时做好详尽的记录。为了避免差错,在宾客点完后,应重复一遍作核对,以免出现差错和事后的纠纷。

26. 当宾客一时不知决定选择什么菜为好时,值台员应热心为其当好参谋,主动介绍本店的特色和时令菜肴,供宾客自己选择决定,值台员不能自作主张。

27. 如宾客需求的菜点已售完,不得简单地说一声"卖光了",而应礼貌地致歉解释,求得宾客的谅解,并婉转地建议宾客点其他菜点。

28. 如宾客在饮食上有些特殊要求,如要求供应菜单上没有的菜点或希望菜肴少放或不放某种调味品等,应及时转告厨房,不能因嫌麻烦而疏忽。

29. 前台的服务员与后台的厨师要密切配合,协调好工作关系,在对客服务中不得相互推诿,更不得在宾客面前争执、暴露内部矛盾。

30. 对不习惯使用筷子的外宾,要及时更换上刀、叉、匙等西餐用具。

31. 服务过程中,值台员要眼观四周、耳听八方,随时迅速应答宾客的招呼,不得坐在一旁或与他人闲聊。当众多宾客同时示意要求服务时,要一一点头表示自己已经见到,马上就来,不要顾此失彼。

32. 如宾客不慎把餐具掉落在地上,值台员应立即上前取走,随后为其更换干净的餐具,决不可在宾客面前用布擦一下再给宾客使用。

33. 服务员走菜时,要注意自己行走的姿态,宜轻松自然。走菜途中,切忌私下品尝菜点,这是严重的违纪和不文明的行为。

34. 走菜途中,要注意前后左右的行人和地面是否湿滑,避免碰撞或跌倒,导致翻盘而发生巨大声响,这会惊吓正在用餐的宾客。

35. 走菜同时可沟通餐厅与厨房间的信息,前台和后台的默契配合能减少或消除宾客因菜肴质量差或等候时间过久而引起的投诉。

36. 走菜工作的特点是紧张、繁重和劳累,因此要注意忙而不乱,不要出差错;累时出汗要及时擦拭,不要满头大汗地出现在宾客面前;热时不能解开领扣、敞开衣领、挽起袖子,甚至卷起裤脚,而导致失礼。

37. 每上一道菜都应报清菜名,并简单扼要地介绍其特色;说话时切不可唾沫四溅,使人恶心。

38. 上菜、斟酒、撤换餐盘等服务工作应严格按规定的操作程序进行,如:手指切忌触摸酒杯口,也不能碰及菜肴;切忌越过宾客头顶上菜或传递物品;切忌在两位宾客中间为二位客人同时斟酒,以及做宴会时服务次序不分主宾,等等。

39. 宴会中斟酒水时,应向宾客示意,先征求意见,由宾客自由选择,不要千篇一律用一种酒水,也不要自作主张任意斟灌。

40. 倒香槟或其他冰镇酒类时,要用餐巾包好酒瓶再倒,以免酒水滴落在宾客身上,而使宾客扫兴。

41. 有些菜烹调时间较长,应向宾客说明。当宾客等候不耐烦时,应作耐心解释。

42. 如有宾客来电,要走到其面前轻声呼唤,不得在远处喊叫。

43. 如有宾客的物品不慎掉落到地上,应立即帮助其拾起,双手奉上,不可视而不见。

44. 对各类宾客要一视同仁,生意不论大小应同样认真对待,不得厚此薄彼。

45. 如果餐毕桌上仍剩余一些菜肴,宾客表示希望带走时,应为其提供容器,并代为包装,方便宾客带走,决不可面露不屑的神情,嘲讽宾客小气。

46. 宾客若打听菜点的原料或制作方法时,要热情介绍;如自己不了解,可在请教厨师后给宾客一个满意的答复,并对宾客偏爱本店的佳肴表示感谢。

47. 宾客用餐完毕,值台员不要用手直接把账单递交给宾客,而应该把账单放在垫有小方巾的托盘(或小银盘)里送到宾客面前。为了表示尊敬和礼貌,放在托盘内的账单正面朝下,反面朝上。宾客付账后,要表示感谢。

48. 如宾客要直接到账台向收银员付款结账,应客气地告诉其账台的确切位置,听其自便。

49. 宾客起身后,应及时为其拉开座椅,方便行走。宾客出门前应提醒其不要遗忘物品,代客保管衣帽物品的服务员要准确地将衣帽物品取递给宾客,并热情帮助其穿戴。

50. 将宾客送至餐厅门口时,要友好话别,诚挚地说"再见,欢迎您下次再来",躬身施礼,目送离去。

51. 餐后的清扫工作,必须在宾客全部离去后进行,不可操之过急。须知,当着还没用完餐的宾客打扫环境卫生是不文明、不讲卫生、无视宾客的行为。

第四节　饭店酒吧接待服务人员的工作礼仪规范

酒吧是宾客的休息娱乐场所,宾客在工作之余可来此休息,美酒和音乐能使他们消除疲劳、振奋精神;酒吧也是交际场所,商人们常喜欢在这幽静的环境里洽谈生意,一些公司或团体有时也特意选择在这样的气氛中举行酒会或冷餐会等;酒吧还是私人聚会的好场所,住店的客人常乐意到这里来招待亲朋好友,年轻的情侣更热衷于在此约会。为了烘托酒吧的气氛,酒吧招待员在为宾客提供良好服务时,礼貌礼节显得尤为重要,以下各条是每一个酒吧招待员、调酒员在接待服务中必须注意掌握的。

1. 上岗前,要做好仪表仪容的自我检查,做到仪表整洁、仪容端正,符合《饭店员工守则》中有关规定的要求。

2. 上岗后,要做到坚持站立服务、精神饱满、面带微笑、思想集中,随时准备接待每一位来宾。

3. 宾客进门时要笑脸相迎,并致以亲切的问候,通过美好的语言和可亲的面容使宾客一进门就感到心情舒畅。

4. 同餐厅服务一样,对不同的宾客要引领到能使他们满意的座位上。

5. 如果一位宾客再次光临时又带来了几位新顾客,那么对这些宾客要像对待老朋友一样特别热情地招呼接待。

6. 恭敬地向宾客递上清洁的酒单,耐心地等待宾客的吩咐,仔细地听清、完整地记牢宾客提出的各项具体要求,必要时向宾客复述一遍,以免出现差错。

7. 开票时面向宾客,一般站在宾客的右侧,保持适当的距离,稍弯腰,手中拿着单据和笔,神情专注。

8. 留意宾客的细小要求,如"不要兑水""多加些冰块"等要求。一定要尊重宾客的意见,严格按宾客的要求去做。

9. 当宾客对饮用什么酒或选用什么下酒的小吃拿不定主意时,可热情礼貌地推荐,使宾客感受到服务周到。

10. 上酒服务时,身体不能背向宾客,即使需转身拿取背后的酒瓶时,只可侧身,不得转体。

11. 在宾客面前调制饮料,要讲究操作举止的雅观、态度的认真和器皿的清洁,不能采取举止随便、敷衍了事的工作态度和使用不洁的器皿。

12. 用托盘从宾客右侧上饮料。如实际情况不便时,也可例外从宾客左侧上。不过,这时应主动向宾客打个招呼:"对不起,从您这儿上了。"

13. 在宾客面前放酒杯时,应由低向高慢慢地送到客人面前。对背向坐的客人,上酒时要招呼一声,以免饮料被不慎碰及而打翻。

14. 如宾客需用整瓶酒时,斟酒前应让客人看清酒瓶上的标牌,经核实认可后,当面打开瓶塞,使宾客放心饮用。

15. 为团体宾客服务时,一般斟酒的次序为:先宾后主、先女后男、先老后少。

16. 在服务中,如需与宾客交谈,要注意适当、适量,不能滔滔不绝、喧宾夺主,也不能忘乎所以、乱发议论,更不能影响本职工作,忽视照料其他宾客。

17. 与宾客交谈的话题要有所选择,在宾客说话时要耐心倾听,不与宾客争辩,也不要不懂装懂。

18. 工作中,要注意站立的姿势和位置,不要将胳膊支撑在柜台上,也不要与同事聊天或阅读书报,这些都是对宾客不礼貌的行为。

19. 不得在宾客面前使用为宾客准备的茶杯或酒具,不得在前台饮食。

20. 宾客之间谈话时,不能侧耳细听;在宾客低声交谈时,应主动回避。特别是见到成双成对的宾客在窃窃私语时,更不能随便插话。

21. 接听电话时,语调要温和,态度要耐心,要礼貌地复述一下被找人的姓名,如:"您找亨利·亚当斯先生吗?请您稍等。"

22. 呼唤宾客来接听电话时,不要在远处高声呼叫,以免惊动其他宾客;可根据发话人提供的特征有目的地寻找,到宾客面前告之,并留心照看好接电话的宾客留在座位上的物品。

23. 宾客有事招呼时,不要紧张地跑步上前询问,也不要漫不经心。

24. 宾客示意结账时,要用小托盘递上账单,请客人查核款项有无出入。宾客无意离去时,切不可催促宾客提前结账付款。

25. 宾客赠送小费时,一般要婉言谢绝,自觉遵守纪律。

26. 宾客离去时,要热情地送别,表示欢迎他们再次光临。

27. 对已有醉意、情绪变得激动的宾客,更要注意礼貌服务,不可怠慢,要沉着、耐心,在任何情况下都要以礼相待。

28. 收银时,尽量当着除醉客以外的其他人的面"唱票",避免发生纠纷或误会。要掌握宾客自尊心理,不要大声报账,只可小声清晰地"唱"收。

29. 在发生意外情况时,要保持头脑冷静、清醒。要做到骂不还口、打不还手,及时向上级和有关部门反映,以便妥善处理。

第五节 饭店商场接待服务人员的工作礼仪规范

商场营业员的服务态度,直接反映经营服务质量和信誉。商场营业员不仅有责任尽力使顾客选购到称心如意的商品,而且同时还应该文明经商,这就要求每一位营业员首先在礼貌礼节上要做到:

1. 上岗前,要做好仪表仪容的自我检查,做到仪表整洁、仪容端庄,符合《饭店员工守则》中有关规定的要求。

2. 讲究个人卫生,做到"五勤""三要""五不"和"两个注意"。上岗前,不食带有腥味的食品,养成尊重顾客的良好卫生习惯。

3. 在岗位上,要坚持站立服务,站姿端正,走姿文雅,精神饱满,面带微笑,思想集中,随时准备迎候顾客光临。

4. 见到顾客进店,应以和蔼的目光予以关注。当顾客走近时,要有招呼声,主动问候;顾客选购商品时,要有介绍声,显出热情;接受顾客付款,找零出具发票时,要有交代声,体现负责;顾客购毕离柜时,要有告别声,欢迎今后再来,表示诚意。

5. 在服务态度上,对待顾客要做到:买与不买一个样,新老顾客一个样,国内客人国外客人一个样,男女老少一个样。在顾客有特殊需要时,还应千方百计尽力热情帮助顾客排忧解难。

6. 要耐心为顾客解答疑问和展示商品,做到百问不厌、百挑不嫌,为顾客当好"参谋"。不计较顾客要求的高低,不计较顾客挑选的次数,不计较顾客言语的轻重,不计较顾客态度的好坏。

7. 在销售服务中,要多为顾客着想,维护消费者的权益,有良好的职业道德和认真负责的精神。做到:凡需包扎的商品,要代客捆紧扎牢;需要测试性能的商品,要当场请顾客验收合格;介绍使用方法,落实维修单位,出具保修卡。

8. 针对老年顾客购物时动作缓慢、挑拣仔细、记忆力差、顾虑较多的特点,要做到:不去催促,"请慢慢挑";帮助挑选,"这个您满意吗";协同启发,"是不是这种规格";详尽释疑,"我们是实行包退、包换、包修的",做好导购工作。

9. 针对儿童购物时较马虎、无主意的特点,要做到:多细心,多关照,多建议。

10. 针对外宾购物时多疑问、要求高、多挑选的特点,有时语言沟通还会碰上一些困难,要多主动、多解释、多介绍、多展示,不厌其烦。

11. 对待老、幼、病、残、孕顾客,要优先接待;要根据不同的对象,灵活提供各种方便,予以关心和照顾;要熟悉掌握:一听,顾客口气是否含糊;二看,顾客神情是否犹豫;三问,顾客对所购商品的性能、用途是否了解;四核,顾客支付的货款是否与商品价格相符。

12. 当顾客众多、生意忙碌时,要忙而不乱,忙中有序;边接待,边兼顾;敬语在先,以示尊重与关怀。

13. 营业期间要坚守在自己的岗位上,不得三五成群、扎堆聊天或东张西望、东游西逛;也不得在店堂内坐下休息干私事,无视顾客的到来。这都是失礼的行为。

14. 在接待顾客时,要轻拿轻放商品,动作干净利索,没有惊吓顾客的声响。切不可把商品扔给顾客或摔在柜台上让顾客去取。这都是极不礼貌的行为。

15. 在顾客面前切不可打喷嚏、掏耳朵、挖鼻孔、剔牙齿或随地吐痰,注意养成举止文明的好习惯。

16. 在销售服务中,说话要讲究艺术性,使顾客感到亲切、温暖、信任、放心。切忌生硬随便,以免引起误会、气愤、争吵或投诉。

17. 当顾客要求退货时,属理由正当的,应接受办理,并致歉;如理由不当不能退货时,也要做好解释工作,取得顾客的谅解,不可粗暴拒绝导致失礼。

18. 客人离柜、离店时,要彬彬有礼地致谢道别:"多谢惠顾,欢迎再来。""请慢走,再见。"

第六节 饭店电话总机话务人员的工作礼仪规范

电话总机是饭店内外通信的主要枢纽,话务员担负着沟通信息的重任。在日常服务中,话务员虽然不与通话人直接见面,但是通过声音的传播,也在时刻反映饭店的服务水准。因此,要向宾客提供优质服务,树立企业良好的形象,争取赢得宾客的赞誉,每一位话务员都应该在自己平凡的岗位上做到以下礼仪规范:

1. 个人仪表仪容符合《饭店员工守则》中有关规定的要求。
2. 坚守岗位,礼貌服务。

3. 接听来电使用礼貌服务用语,持之以恒,习以为常。一接来电,敬语当先,如说"您好,这是××饭店"等。

4. 服务规范,程序完善,语气亲切,态度诚恳。不论通话人说话时用什么态度,话务员应始终保持耐心、谦和的态度,决不与对方顶撞或争执。

5. 说话语调亲切、委婉,体现出助人为乐、真诚服务的精神,使通话人感受话务员的关心和协助。

6. 音色要柔和悦耳,使通话人有"宾至如归"的亲切感。

7. 不论说汉语还是说外语,都要做到发音清晰、准确,保证对方能听清楚、听明白。

8. 语言要简练,用词要得当。简明扼要,不致误解;切忌脱口说出粗俗的语言。

9. 语速快慢适中,能根据不同的通话对象恰到好处地掌握讲话速度。对有急事的通话人,不能给对方产生话务员慢慢腾腾、故意拖延时间的感觉;对老人或语言不易沟通者,要适当放慢语速,以期达到明白无误的目的。

10. 当通话人有疑问求助时,话务员有责任耐心地尽力为对方解难,切不可置之不理,悄悄地挂机。如通话人要接的分机占线,应说"对不起,××房间占线,请稍等片刻"或"对不起,通××地方的线路没空,请过会儿再打来好吗"等委婉的语句。

11. 接受投诉要虚心。通话人对饭店服务质量有意见来电话投诉时,要以虚心的态度仔细聆听,答应通话人定将此事及时转告有关部门,或立即帮其转接有关部门,切不可拒绝或中断电话。

12. 叫醒服务要准时。住店宾客如来电话要求在某时提供叫醒服务,话务员要当即做好准确、完整的记录。如不是轮到自己值班,应在交接班时对下一班的话务员做好交代,届时按原定要求准时叫醒宾客。切不能大意误事,影响宾客的工作或行程的安排。

13. 对于"代客留言""电话查询"等业务,应做到不怕麻烦。决不可对宾客说"我没空""我不知道"之类的推托话。即使通过一再努力仍未达到宾客要求,也应主动向宾客作出解释并致歉。

14. 对拖欠长途电话费的宾客,要礼貌提醒、耐心说服,切忌用简单粗暴的方法解决;遇到复杂的问题,可转交前厅部妥善处理。

15. 话务员从事的服务是一项机要工作,饭店内部的信息和客人的私人情况决不可外泄。这既是组织纪律,也是礼貌礼节上的起码要求。为了维护饭店声誉,话务员不得向外界披露饭店和宾客的情况,以确保饭店的经营管理和住店宾客不受打扰。

第七节 饭店康乐接待服务人员的工作礼仪规范

康乐部是四、五星级旅游涉外饭店里为向宾客提供健身、娱乐、美发美容等服务而专门增设的一个新部门。其特点是服务项目多,内容各异;设施设备好,饭店投资大;岗位分工细,各行其职;人员相对分散,操作独立。该部门的员工除必须具有各种专业技能、知识外,在对客接待服务中既有与其他前台各部门员工相同的礼仪要求,还有其自身的特点:

1. 上岗前,要做好仪表仪容的自我检查,做到仪表整洁、仪容端庄,符合《饭店员工守则》中有关规定的要求。

2. 在岗位上,要坚持站立服务,保持精神饱满,面带微笑,思想集中,随时准备为宾客提供服务。

3. 宾客前来，笑脸相迎，亲切问候，主动征询宾客需要提供何种服务。

4. 要主动向宾客介绍本店的各类康乐设施及服务项目、收费标准。

5. 代客保管衣物，要负责妥善放置，寄取手续严格按饭店制定的规章办理。

6. 从事游泳、健身、网球、桌球、乒乓球、壁球、保龄球等运动项目的服务工作，要随时关心宾客的安全；运动前要善意提醒宾客做些准备活动；运动中要加强巡视，注意宾客的动态；运动后要关心宾客特别是老年人和儿童的感受，避免发生涉及人身安全的意外事故。

7. 宾客对有些运动项目(如健身房内的一些电动机械)的练法不熟悉，应热情详尽介绍，做些必要的示范。宾客初次尝试时，应在旁保护、指导。有的项目需要有人陪练，服务员可按有关规定，请宾客在办理付费手续后陪其操练(如网球、壁球、桌球、乒乓球等)；需协助计分的，也要乐意相助，不可推托"没空""不会"而导致宾客扫兴和对其失礼。

8. 宾客在运动中若有损坏器械等物品的情况发生时，应请宾客照价赔偿，道理要阐明，态度要和气，不要与宾客发生争吵。

9. 在接待洗桑拿浴的宾客时，要注意其身体状况，对体质虚弱不宜洗桑拿浴者要善意劝阻。要密切关心淋浴者的动静，以防宾客在浴室内晕倒发生意外。

10. 发生意外事故时，要保持头脑冷静，切勿慌张，应一边就地施行抢救，一边由其他服务员通知领导、医生，必要时迅速送病者到医院救治。

11. 要定期检查各类器械的使用状况，有零部件脱落或磨损失灵时，应立即通知有关部门派人来检修，同时张贴告示，通知宾客暂停使用，以维护人身安全。

12. 做好用品卫生和环境卫生工作，客用品(如保龄球鞋、拖鞋和浴巾等)要经常消毒，防止发生交叉感染。

13. 宾客来美发美容时，要充分尊重其要求和意愿；当宾客犹豫时，可热心为其介绍适合其脸形的样式和适合其皮肤的化妆品，对皮肤过敏者尤其需要慎重选择化妆用品，以免造成不愉快的后果。

14. 在宾客众多、人手少来不及同时接待时，要主动招呼宾客，并请他们先在休息室阅读报纸杂志静候，不要冷落来宾。

15. 美发美容的器械要坚持按有关卫生标准严格消毒，要有对宾客负责的精神。社会上有红眼病等急性传染病流行时，更要严格执行，切不可大意。

16. 当宾客运动、娱乐或美容美发完毕时，要热情地一一送客道别，并表示热忱欢迎客人今后再次光临。

第八节 饭店安全保卫人员的工作礼仪规范

饭店的安全保卫部是承担维护饭店内部安全的一个重要职能部门。"没有安全就没有旅游业。"因此，饭店的安全是饭店一切工作的基本保障。

同饭店其他各部门一样，安全保卫工作也有其服务性。因此，安全保卫工作必须贯穿服务思想。没有优质的服务，就很难取得宾客和其他工作部门的支持、配合，保卫工作也就无法顺利完成。由此可见，饭店的安全保卫工作是与全店开展优质服务活动密切相关的。要理解和贯彻这一精神，全体安全保卫人员，除了忠于职守、钻研业务技能之外，还应在礼貌礼节方面做到：

1. 执勤时，要仪表整洁、仪态端庄，符合《饭店员工守则》中有关规定的要求。
2. 工作中保持精神振作，思想集中，保持警惕，加强巡视，并随时能赶到现场处理突发事件。
3. 讲究文明礼貌，注意礼节，使用敬语，尊重宾客；待人诚恳、谦逊，做人正直、诚实。
4. 严格执行国家的政策、法规和店纪店规，不做超越职权的事，也不做有损人格、国格的事。
5. 依法办事，不徇私情；实事求是，态度和善；举止文明，以理服人；不得粗暴对待任何宾客和其他员工。
6. 自觉维护宾客的合法权益，不得利用职务之便私自闯入客房，不许窥视宾客在店内的日常生活，不许随意盘问宾客，也不许擅自扣压宾客的证件，更不许限制宾客的人身自由。
7. "安全第一，宾客至上。"为宾客服务，要使宾客满意，就得增强服务意识。当宾客有事求助时，要热情帮助其排忧解难，或协同其他有关部门的服务接待人员为宾客提供及时、有效的帮助。不可态度生硬地拒绝，也不可以含糊其词或置之不理。

第九节　饭店工程维修人员的工作礼仪规范

工程部是负责饭店硬件设备、设施日常维修保养，保证昼夜不间断地提供水、电、气等的一个重要保障部门。

同饭店的其他部门一样，工程部的工作除了实施本部门的运作和管理之外，在很大程度上还要积极配合前台及时做好对客服务的维护工作。因此，工程部的员工应在日常工作中确立正确的服务思想，争取得到其他工作部门的理解、支持和配合，实现文明施工、优质服务。由此可见，饭店的工程维修保养工作是全饭店开展优质服务活动的一个重要组成部分。显然，要做到这一点，工程部的员工除了需具备娴熟的业务技能之外，还应在礼貌礼节方面做到：

1. 上班时，特别是到宾客活动的区域工作时，要讲究个人的仪表、仪容、仪态，需符合《饭店员工守则》中的有关规定的要求。
2. 工作中既要精神振作、思想集中，还应注意周围的动静，确保他人的生命安全。
3. 做到施工文明，在施工现场布置醒目的提醒标志。施工中不大声喧哗，不乱丢工具或其他施工材料，保持场地的整洁，维护环境卫生。
4. 工作时不吸烟，不说脏话，不乘客梯，不与他人争先抢道，不用沾有油、水的脏手与别人握手，不把自己身穿的工作服碰及他人（特别是宾客）的衣物。
5. 与人交往注意礼节礼貌，说话使用敬语，尊重宾客，服务态度和善、诚恳，工作讲究效率。
6. 如需进入客房工作，应按规定由客房服务员陪送入内。进房前应礼貌示意，在征得宾客同意后方可入内。
7. 在客房内施工要小心宾客的物品；如需移动，必须征得宾客同意，施工完毕时应把物品安放到原处。
8. 为宾客提供服务是本职工作，所以不得在对客服务中收受宾客任何物品，不吃不喝宾客的食品或饮料,自觉遵守店纪店规。

9.在工作中不做超越职权范围的事,未经上级许可,不随意向他人承诺做工作任务以外的事情,也不做有损人格、国格的事。

10.要使宾客完全满意,就得注意增强服务意识。当宾客或其他部门有事求助时,要服从部门的安排,积极热情地提供及时有效的帮助。不可态度生硬地拒绝,也不可含糊其词或置之不理。

第十节 饭店其他部门员工的工作礼仪规范

除上述前台各部门服务接待人员须注意讲究的个人礼貌礼节、仪表、仪容、仪态外,饭店后台的各级行政人员,从事文秘、人事、劳资、培训、财务和总务等方面工作的员工也应该与饭店的其他员工一样,不论在部门之间的工作交往中或是接待来访中都应该体现以下文明礼貌的行为规范:

1.平时做到个人仪表整洁、着装规范;仪容端庄,注意修饰;举止文明,仪态大方。

2.上班时工作精神饱满,始终面带微笑;与人交往时,表情亲切自然。

3.与人说话语音柔和,音量适中;口齿清晰,简明扼要;敬语当先,措辞恰当;待人态度虚心诚恳,耐心真挚。

4.尊重他人,注意礼让,礼貌周到,礼节得当;出于真心,一视同仁,毫不造作。

5.讲究个人卫生,勤洗澡,勤换内衣,勤剪指甲,勤理发,勤洗手。

6.注意个人的修养,无粗俗、轻浮、傲慢的言行举止。

7.在办公室里特别需注意自己的坐姿。平时的站姿与走姿应讲究正确。不能在工作场所高谈阔论、吃零食或做私事。

8.工作场所的环境卫生应整洁,桌上的办公用品需堆放整齐,办事讲究效率。

9.到饭店前台营业场所办事时,要先检查一下自己的仪表、仪容,若有不当应及时补正。注意自己在行走时的步态,掌握好步度,不能在宾客活动的场所奔跑。

10.因工作需要与宾客交往时,应按前台服务接待人员的要求做到礼貌接待、文明服务、举止大方、热情有度。

第十一节 旅行社业务咨询和营销人员的工作礼仪规范

旅行社的对外服务部门是接待顾客、接受咨询、推介项目、签订合同的经营场所,是企业的"门面",也是树形象、创声誉、能给顾客留下深刻印象、接受社会评价的"窗口"。因此,在这里从事接待服务的工作人员能否做到礼貌待客、耐心介绍、讲究礼仪、注重文明将直接关系到企业的品牌和发展,是企业间竞争的首要"阵地"。所以,旅行社接受顾客业务咨询和进行营销服务的人员应该充分认识工作礼仪规范的重要意义,并切实做到:

1. 在岗位上,应保持仪表整洁、仪容端庄、仪态大方,符合本企业《员工守则》中的有关规定。

2. 接待顾客时,精神饱满、面带微笑、思想集中,注意自己的形象、坐姿、站姿、走姿自然得体。

3. 有顾客前来，应主动上前或站立，问候亲切，彬彬有礼。应先请顾客就座，然后自己才坐下。

4. 对顾客咨询的问题，尽力给予全面详细的答复，要使对方感到满意、放心。自己能答复的问题，不能找借口推托给同事。对确实不清楚、没把握的事，不能武断地作答，更不能不负责任地回答。

5. 接待工作要做到百问不厌，不能因个人身体不适或个人心情不愉快而缺乏耐心。

6. 服务态度要诚恳、谦虚、周到、负责。

7. 讲话时语气亲切、口齿清晰、速度适中、语言简练、用词得当。

8. 遵守职业道德，不说假话，不欺骗顾客。

9. 要尊重顾客的选择和决定，不得误导顾客消费，自觉维护消费者的合法权益。

10. 对顾客一视同仁，生意大小一个样，生意成不成一个样，生意忙闲一个样，国内客人国外客人一个样。在顾客有特殊需要时，还应想方设法予以满足。

11. 在营业时间不扎堆聊天，不擅自离岗，不做私事。

12. 在顾客面前不可打喷嚏、掏耳朵、挖鼻孔、剔牙齿或随地吐痰、丢杂物，举止要文明。

13. 顾客前来投诉时，接待要热情，听取要耐心，头脑要冷静。即使对方情绪激动，甚至不讲理，也要以平和的心态去处理。

14. 听取顾客投诉时，及时做好书面记录，表示企业对此事的重视，避免顾客误认为接待人员在敷衍。

15. 重视顾客的投诉就要尽快对实际情况进行调查核实，提出妥善解决的办法，但切记不能武断，在内部没有最终意见前，不得对外作个人表态，更不能以个人名义作承诺，以免今后被动及企业遭受经济或名誉上的损失。

16. 顾客离开店堂时，要热情相送，并致谢告别。

第十二节　旅行社导游人员的工作礼仪规范

导游是全程陪同游客旅游观光，并为其提供业务合同范围内各项服务的旅行社代表。这项工作的特点是流动性大、服务项目多、与游客共处时间长；既要讲解，又要导游；既要安排活动，又要时刻关心游客的安全。总之，导游是一项肩负重任的工作。要把导游工作做好，除了需要身体强健，业务熟练，责任心强之外，文明待客也是十分重要的。以下就是导游人员应该具备的工作礼仪规范：

1. 虽然旅行社未规定导游人员要统一穿着制服，但企业对其仪表仪容和仪态仍有基本的规范，这是每位导游人员应自觉做到的。

2. 到机场、车站、码头或其他约定地点接客时，必须提前等候游客到来，决不能让游客等候，因为这是不礼貌的行为，也是违约的行为。

3. 事先备好醒目的团队标志，主动向游客示意，方便游客识别。

4. 先作自我介绍，尽快安排好游客乘坐交通工具，提醒游客保管好自己的随身物品。

5. 游客到齐后，及时向游客讲清当天的游程安排和旅途中需注意的事项，分发有关资料和物品。

6. 旅途中善于察言观色，了解游客的身体状况和精神状态，随时做出必要的关心帮助。

7. 善于与游客沟通,能用幽默生动的语言调节气氛,让游客忘却旅途的疲劳和沉闷。

8. 长途旅行中要适时安排充裕的时间让游客能安静休息。

9. 适时提示游客上卫生间,并指引方向。

10. 到达目的地后,先下车在门口搀扶需要照料的游客,并告知游客勿遗忘行李。

11. 到达旅店后,要协助游客办理入住登记手续,在安排游客进房时,不忘告诉游客自己所住的房间号和联系电话。

12. 到餐厅用餐前,做好组织工作,安排好席位,用餐期间要征求游客对饮食的意见,关心有特殊需要的游客,尊重他们合理正当的要求。协调好与餐厅的关系,努力使店方与游客均满意。

13. 游客进房后,如有事需关照应打电话联系;若需面谈,进屋前应先敲门示意,征得游客同意后方可入内。

14. 住宿时,如游客反映由于旅店的设施问题而影响自己休息,应积极与有关方面协调,争取尽快解决,决不可置之不理、漠不关心。

15. 发现游客之间产生误会或小摩擦,要善于做和解工作,要让旅游观光成为联谊活动。

16. 对于因不可预料的原因而出现的游程改变、用餐标准改变、推迟行程时间等造成游客意见的问题,应妥善解决,以真诚换取游客的理解和支持。

17. 充分发挥自己的口才,尽心尽力为游客作好景点介绍,决不胡编乱造。

18. 注意树立个人良好的服务形象,重视个人的仪表风度、言谈举止,给游客留下一个好印象。

19. 恪守职业道德,不向游客索取小费,不误导游客购买假冒伪劣的商品和纪念品,更不得从中牟利,损坏企业的声誉。

20. 以自己的优质服务向游客推介本旅行社其他旅游项目,不得以个人名义私下组织游客外出旅游。

21. 旅行结束时,不忘向游客征求意见,不得强求或暗示游客表扬自己,骗取称赞。

本章小结

本章的内容来自于旅游接待服务工作的实践,是实际工作经验的总结。学习这些工作礼仪规范,不仅有益于掌握其他相关专业课程的内容,而且具有现实的指导意义。因此,要善于把前四章中所学到的知识融会贯通到本章介绍的工作礼仪规范中去,在学习中实践,在实践中体会。

思考与练习

1. 思考题

(1)如何理解旅游接待服务人员对宾客的问询要做到有问必答、百问不厌、用词得当、简洁明了?

(2)如何理解旅游接待服务人员不能与宾客发生争执,而应耐心解释?

(3)如何理解旅游接待服务人员不得向宾客索取小费?

(4)如何理解提高知识水平和业务技能与接待服务质量的关系?

2. 课堂模拟训练

在老师的具体指导下,全班分成若干小组,结合饭店、旅行社前台工作岗位的实际,分别选择其中一项中的某个情节开展模拟训练。

(1) 模拟饭店前厅应接员、行李员有礼貌地迎宾、问候、引宾。

(2) 模拟饭店前厅接待员有礼貌地接待宾客入住,接受预订、退房或接待投诉。

(3) 模拟饭店客房服务员礼貌地为宾客服务。

(4) 模拟饭店餐厅服务员有礼貌地迎宾、问候、引位、接受点菜、结账和送客。

(5) 模拟饭店电话总机话务员有礼貌地为店内各部门和宾客沟通信息服务。

(6) 模拟饭店康乐部服务人员有礼貌地迎宾、问候、服务、送客。

(7) 模拟饭店保安人员有礼貌地为宾客服务。

(8) 模拟旅行社业务咨询员、营销员有礼貌地接待上门的顾客。

(9) 模拟旅行社导游员在旅途中有礼貌地为游客服务。

第6章 我国主要客源国和地区的习俗和礼节

学习重点
- 各大洲主要客源国的习俗和礼节
- 台、港、澳地区的习俗和礼节
- 华侨和外籍华人的习俗和礼节

俗话说:"十里乡俗各不同。"全世界有近73亿人口,分散居住在200多个国家和地区,分属于2000多个大大小小的民族,信仰着各种宗教,具有各自独特的民族传统和风俗习惯。虽然世界上各个国家、各个民族的人民都讲究文明礼貌,但由于传统的习俗不同,礼节形式也就大不相同。

旅游接待服务是面向全世界的工作,少不了需要了解各国、各民族的习俗和礼节,了解他们的生活习惯、宗教信仰和禁忌。因此,旅游接待服务人员掌握了这方面的知识,不仅有助于自身文化素养的提高,而且也会促进民间外交工作的顺利开展,加强我国与世界上其他国家人民的友好交往。

第一节 亚洲国家和地区

亚洲是世界上第一大洲,位于东半球,屹立在世界的东方。亚洲有40多个国家和地区,人口众多。在历史上亚洲各国之间交往频繁,关系密切,因此相互间影响不小,许多国家民族的习俗、礼节都有相近之处。

在亚洲,人们信奉佛教为多,其次为伊斯兰教,也有一部分信基督教。故亚洲可称之为受三大宗教影响最大的地区。

一、日本

日本是我国"一衣带水"的邻邦,与我国交往频繁。自1972年两国正式恢复邦交以来,日本每年到中国来的游客很多,已逐渐成为我国旅游业在亚洲最大的客源国之一。

由于历史上鉴真和尚多次东渡扶桑(现日本),交流中日文化,所以日本受中国的影响很深,至今还保留着浓厚的我国唐代礼仪、风俗。

日本人总的特点是勤劳、守信、遵守时间、工作和生活节奏快,他们重礼貌,妇女对男子特别尊重,集体荣誉感强。

(一)宗教信仰

日本人大多信奉神道教和佛教。其中,佛教是经中国传过去的。少数日本人信奉基督教或天主教。

（二）节庆

日本的重要节日有新年（1月1日），庆祝方式与中国差不多；成人节（1月15日），是满20周岁青年的节日；儿童节，有男孩子节和女孩子节之分。男孩子节也叫端午节，和中国端午节时间及过法基本类似。所不同的是，节日里凡有儿子的家庭，家门外要挂上各色大小不一的鲤鱼旗，大的鲤鱼旗代表大男孩，小的则代表小男孩，家里有几个男孩就挂上几面鲤鱼旗。女孩子节是每年3月3日，又称雏祭。日本的国花是樱花，故有樱花节。这个节日是从每年3月15日持续到4月15日。此外，还有敬老节（9月15日）、文化节（11月3日）等。

（三）饮食习惯

日本人的饮食习惯别具一格，他们的日常饮食主要有三种料理：第一种是传统的日本料理，又称"和食"。这是日本人祖祖辈辈流传下来的独特饮食方式。这种料理中最典型的食物要属"沙西米"（生鱼片）、"司盖阿盖"（类似我国的火锅）、"寿司"（日本式饭团，一种冷盘菜）和日本面条等。日本人的早餐喜喝稀饭，由于受外来影响也喝牛奶、吃面包。午餐、晚餐一般吃米饭，副食以鱼类和蔬菜为主。日本是岛国，海产品多，所以日本人爱吃鱼并且吃法也很多，如蒸、烤、煎、炸等，鱼圆汤也是他们喜爱的。吃生鱼片时要配辣味以解腥杀菌。日本人还爱吃面酱、酱菜、紫菜、酸梅等。吃凉菜时，他们喜欢在凉菜上撒上少许芝麻、紫菜末、生姜丝、芥末等起调味点缀作用。第二种是从中国传过去的"中华料理"，即中餐。他们偏爱我国的广东菜、北京菜、淮扬菜以及不带辣味的四川菜。第三种就是从欧洲传过去的"西洋料理"，即西餐。他们究竟喜食何种料理，则要看具体对象而定。不过，最为普遍的还是这三种料理的混合选用。

日本人吃菜喜清淡，忌油腻，爱吃鲜中带甜的菜，还爱吃牛肉、鸡蛋、清水大蟹、海带、精猪肉和豆腐等，但不喜爱吃羊肉和猪内脏。日本人喜欢喝酒，日本清酒、英国威士忌、法国白兰地和中国"茅台"等名酒都爱喝。日本人吃水果偏爱瓜类，如西瓜、哈密瓜、白兰瓜等。

（四）礼貌礼节

日本人在待人接物以及日常生活中十分讲究礼貌、注重礼节，还形成了某些礼仪规范。如：在待人接物上谦恭有礼，说话常用自谦语，特别是妇女，在与人交谈时总是语气柔和、面带微笑、躬身相待。日本人善用礼貌用语，为此，在语言上还分敬语与简语两种。由于日本人等级观念很重，上、下级之间，长辈、晚辈之间界限分得很清。因此，凡对长者、上司、客人都用敬语说话，以示尊敬；而对平辈、平级、小辈、下级一般用简语讲话。这时敬、简两种语体是不混合使用的。日本人最常用的敬语有"拜托您了""请多多关照""打扰您了"等。同时他们忌问"您吃饭了没有"一类的话。

现在日本人外出大多穿西服。和服是日本传统的民族服装，在隆重的社交场合或节庆时他们仍会穿和服出席。日本人重视仪表，认为衣着不整齐是不礼貌的行为。

日本人与人见面善行鞠躬礼，初次见面向对方鞠躬90°，而不一定握手；只有见到老朋友才握手。男子对女宾客，只有在她们主动伸手时才握手，但时间不太长也不过分用力。日本人在室外一般不作长时间谈话，只限于互致问候。

日本人不给他人敬烟，当着别人面自己若想吸烟时，通常是在征得对方同意后才行事。以酒待客时，他们认为让客人自己斟酒是失礼的，应由主人或侍者代斟为妥；并且同时注意斟酒的方法，即斟酒者右手持壶，左手托底，壶嘴不能碰到杯口。客人则以右手持杯，左手托杯底接受斟酒为礼。通常,接受第一杯酒而不接受第二杯不为失礼。客人若善饮,杯杯都喝光,主人会高兴并鼓励多喝,但主人和其他客人并不陪饮。一人不喝时,不可把酒杯向下扣放,应等大家喝完才能一齐扣放,否则会被视为不礼貌。日本人的茶道已不是一种日常生活意义上的饮茶,而形成一种礼仪规范,它以"和敬清寂"为精神,作为最高礼遇来款待远道而来的尊贵宾客。

在日本,初次见面时互递名片已是一种日常礼节,因此很讲究交换的方法和程序。通常应先由主人或身份较低者、年轻人向客人或身份高者、年长者递送上自己的名片;递送时要用双手托着名片,把名字朝向对方以便方便阅读。还有一种方式是:用右手递送上自己的名片(名字也要朝向对方),用左手去接对方的名片。如果自己在接到对方的名片后再去寻找自己的名片,则会被认为是失礼的。至于一时错把别人的名片递送给对方,则为严重失礼。因此,在接待日本客人时,千万要注意将自己的名片准备好,以便适时与对方交换,以示礼貌。

(五)禁忌

日本人忌讳绿色,认为绿色不祥;忌荷花图案;忌"9""4"等数字,因"9"在日语中发音和"苦"相同,而"4"的发音和"死"相同。所以日本人住饭店或进餐厅时,我们不要安排他们住4号楼、第4层或4号餐桌。日本商人忌2月和8月,因为这两个月是营业淡季。日本人忌三人合影,因为三人合影,中间人被夹着,这是不幸的预兆。他们还忌金眼睛的猫,认为看到这种猫的人要倒霉。日本人喜爱仙鹤和龟,因为这是长寿的象征。日本妇女忌问其私事。在日本,"先生"一词只限用于称呼教师、医生、年长者、上级或有特殊贡献的人,对一般人称"先生"会使他们处于尴尬境地。

日本人饮食上忌讳8种用筷子的方法,叫作"忌八筷",即忌舔筷、迷筷、移筷、扫筷、抽筷、掏筷、跨筷和剔筷。

二、韩国

韩国是我国的近邻,与我国山东半岛隔海相望。自1992年中韩两国正式建交以来,韩国来华旅游和贸易人数猛增,并发展成为我国旅游业在亚洲的主要客源国之一。

韩国人以勤劳勇敢著称于世,性格刚强,有强烈的民族自尊心,同时又能歌善舞,热情好客。

(一)宗教信仰

韩国人以信奉佛教为主,佛教徒约占全国人口的1/3。

(二)节庆

韩国的农历节日与我国近似,也有春节、清明节、端午节和中秋节等。自古以来,端午节时韩国妇女们还流行一种荡秋千的传统习俗。

(三)饮食习惯

韩国人以米饭为主食,早餐也习惯吃米饭,不吃稀饭。韩国人爱吃辣椒、泡菜,烧烤中要加辣椒、胡椒、大蒜等辛辣的调味品。韩国人平时喜食香干绿豆芽、肉丝炒蛋、肉末线粉、干烧鳜鱼、辣子鸡丁、四生火锅等菜肴。对他们来说,汤是每餐必不可少的。有时汤中要放猪肉、牛肉、狗肉、鸡肉烧煮,有时也简单地倒些酱油、加点豆芽即成。韩国人最爱吃的是"炖汤",这是用辣椒酱配以豆腐、鱼片、泡菜或其他肉类和蔬菜加水煮制的。此外,他们也爱吃加醋调成的生拌凉菜,但不喜爱吃带甜酸味的热炒菜肴。现在,韩国人的生活水平提高了,许多年轻人偏爱西餐。韩国人在用餐时很讲究礼节,用餐时不随便出声,不边吃边谈,如不注意这些小细节,往往会被别人看不起、引起反感。

(四)礼貌礼节

韩国是一个礼仪之邦,人们普遍注重礼貌礼节。如晚辈对长辈、下级对上级规矩严格,须表示特别的尊重。若与长辈握手时,还要以左手轻置于其右手之上,躬身相握,以示恭敬。与长辈同坐,要保持姿势端正、挺胸,绝不敢懒散;若想抽烟,须征得在场的长辈的同意;用餐时,不可先于长者动筷等。男子见面,可打招呼相互行鞠躬礼并握手,但女性与人见面通常不与他人握手,只行鞠躬礼。

韩国人一般不轻易流露自己的感情,公共场所不大声说笑,颇为稳重有礼。在韩国,妇女十分尊重男子,双方见面时,总是女性先向男子行鞠躬礼,致意问候。男女同坐时,一般男子位于上座,女子居于下座。当众多人相聚时,往往也是根据身份高低和年龄大小依次排定座位,地位高、年长的优先在前。

(五)禁忌

韩国人忌讳"4"这个数字,认为此数字不吉利,因其音与"死"相同。因此,在韩国没有4号楼,不设第4层,餐厅不排第4桌等。因此在接待韩国人时需注意回避这些,以免他们误解与生气。

三、新加坡

新加坡土地面积较小,是由新加坡岛及其附近的小岛组成,风景秀丽,以"花园城市"享誉世界。"新加坡"三字的意思是"狮子城"。该国旅游事业发展很快,现在每年接待外国旅游者人数已超过该国总人口。新加坡人口中有很大一部分是华裔新加坡人,其他为马来西亚血统的人和印度血统的人等。新加坡人特别讲究卫生,在该国随地吐痰、弃物者均要受到法律制裁。

(一)宗教信仰

华裔新加坡人信奉佛教,而且很虔诚,他们有室内诵经的习惯,诵经时切不可打扰。华裔新加坡人来华喜欢进佛寺烧香、跪拜并捐香火钱。印度血统的新加坡人多数信仰印度教。马来西亚血统的人、巴基斯坦血统的人多数信奉伊斯兰教。当然还有一些人是信奉天主教和基督教的。

(二)节庆

华裔新加坡人过春节时,有孩子守岁、大人祭神祭祖、放鞭炮、长辈给孩子压岁钱、走亲访友、迎神、演戏、赶庙会、举行灯会等风俗习惯,和中国唐代、宋代时过春节一样。该国把每年4月17日食品节定为全国法定节,节日来临时,食品店准备许多精美食品,国人不分贫富,都要购买各种食品合家团聚或邀请亲友,以示庆贺。

(三)饮食习惯

主食为米饭、包子,不吃馒头;副食为鱼虾,如炒鱼片、油炸鱼、炒虾仁等。不信佛教的人爱吃咖喱牛肉。吃水果爱吃榴莲、桃子、荔枝、梨等。下午爱吃点心,早点喜用西餐。偏爱中国广东菜。

(四)礼貌礼节

新加坡人特别讲究礼貌礼节,该国旅游业得以迅速发展的一个重要原因就是服务质量高、礼貌服务做得好。为发展旅游业,该国经常举办"礼貌运动"。华裔新加坡人在礼貌礼节方面不但与我国非常相近,而且保留了许多中国古代遗风,如两人相见时要相互作揖等。通常的见面礼是鞠躬或轻轻握手。来华的旅游者中,不少人华语水平很高,使用华语礼貌用语很娴熟。印度血统的人因多数信奉印度教,故仍保持着印度的礼节和习俗,如妇女额上点着檀香红点,男人腰扎白带,见面行合十礼。而马来西亚血统、巴基斯坦血统的人则按伊斯兰教的礼节待人接物。

(五)禁忌

新加坡人视紫色、黑色为不吉利。紫、黑、白、黄为禁忌色。与新加坡人谈话,忌谈宗教与政治方面的问题,不能向他们讲"恭喜发财"的话,因为他们认为这句话有教唆别人发横财之嫌,是挑逗、煽动他人干对社会和他人有害的事。虔诚的佛教徒及印度教、伊斯兰教教徒谨守他们的宗教禁忌,接待时要弄清他们的宗教信仰或让他们主动提出要求,不要因不懂他们的禁忌而导致失礼。

四、马来西亚

马来西亚位于东南亚,南与新加坡接壤,北与泰国毗邻。近年来与我国交往日趋频繁,来华经商与旅游观光的人数年年增多,是一个不可忽视的客源国。

(一)宗教信仰

在马来西亚,人们大多信奉伊斯兰教,其他宗教信仰者虽有,但为数不多。伊斯兰教为该国国教。

(二)节庆

除国庆节、元旦外,马来西亚的穆斯林要过两个重要的宗教节日,即开斋节和古尔邦节。

(三)饮食习惯

受伊斯兰教的影响,大多数马来西亚人喜食牛、羊肉,饮食口味清淡,怕油腻,爱吃的其他副食还有鱼、虾等海鲜和鸡、鸭等家禽以及新鲜蔬菜。马来西亚人爱食椰子、椰子油和椰子汁,他们用椰子油烹调做菜,并用咖喱粉作调料。他们欣赏中国的广东菜、四川菜,爱好用烤、炸、爆、炒、煎等烹饪方式做菜,口味带辣。由于地处热带,盛产水果,马来西亚人习惯餐餐吃各种热带水果。

(四)礼貌礼节

马来西亚人友好和善,注重礼貌礼节,尊老爱幼,其礼貌礼节规范类似其他信奉伊斯兰教的国家。

(五)禁忌

马来西亚人忌食狗肉、猪肉,忌讳使用猪皮革制品,忌用漆筷(因漆筷制作过程中用了猪血),忌谈及猪、狗的话题。他们认为左手不干净,故不用左手为别人传递东西。此外,在公共场合,不论男女衣着不得露出胳膊和腿部。忌用黄色,不穿黄色衣服。单独使用黑色认为是消极的。忌讳的数字是"0""4""13"。在马来西亚是禁酒的,因此在用餐时不用酒来招待客人。

五、泰国

泰国盛产大象,而且该国特别珍贵稀有的白象,泰国人认为白象是圣物和佛的化身。

泰国人的生活特点和风俗习惯与我国的南方一些省份有相近之处。

(一)宗教信仰

在泰国境内遍布着千余座佛教寺庙,泰国人大多数笃信佛教。男子成年后必须去寺庙至少当3个月的和尚,即使王公贵族也不例外。和尚穿黄衣,故泰国有"黄衣国"之称。

(二)节庆

主要节日有元旦,又称佛历元旦,庆祝非常隆重;水灯节,又称佛兄节(泰历12月15日,公历11月间);送干节,也叫求雨节(每年3月至5月);每年5月泰国宫廷还举行春耕礼,这是由国王亲自主持的泰国宫廷大典之一。

(三)饮食习惯

泰国人主食为大米,副食是蔬菜和鱼。他们喜欢吃辣味食品,而且越辣越好。可能是天气炎热和喜食辛辣的缘故,泰国人在餐前有先喝一大杯冰水的习惯。泰国人还爱吃鱼露,不爱吃牛肉及红烧食品,食物中不习惯放糖。至于饮料,泰国人爱喝白兰地和苏打水,也喝啤酒、咖啡;饮红茶时爱吃干点心和小蛋糕。饭后喜欢吃榴莲、鸭梨、苹果等水果,但不吃香蕉。

(四)礼貌礼节

进泰国寺庙烧香拜佛或参观时,必须衣冠整洁;若在庙堂中赤胸露背,衣冠不整洁,会被认为玷污了圣地,对神佛失敬。走进大殿时,每个人必须脱下鞋子方可入内。

泰国人的常用礼节是行"合十"礼。朋友相见,双手合十,稍稍低头,互相问好。晚辈向长辈行礼,双手合十举过前额,长辈要回礼以表示接受对方的行礼。年纪大或地位高的人还礼时双手可不过胸。行礼时双手举得越高表示越尊敬对方。泰国人也行跪拜礼,但要在特定场合如拜见国王时行跪拜礼;在泰国甚至国王拜见高僧时也必须下跪。儿子出家当僧人,父母也要向他跪拜。

在泰国,若有位尊者或长者在座,其他人无论坐或蹲跪,头部都不得超过尊、长者头部,否则是极大的失礼。给长者递东西必须用双手。一般人递东西都用右手,因为他们认为左手不洁。传递物品时不能把东西扔过去,这样做是不礼貌的行为,不得已这样做了要说声"对不起"。别人坐着时,不可把物品越过他的头顶;从坐着的人身边经过时,要略微躬身以示礼貌。

(五)禁忌

泰国人特别崇敬佛和国王,因此不能与他们或当着他们的面议论佛和国王。泰国人最忌他人触摸自己的头部,因为他们认为头是智慧所在,是宝贵的。小孩子更绝不可触摸大人的头部。若打了小孩子的头,他们就认为孩子一定会生病。泰国人睡觉忌讳头向西方,忌用红笔签名,因为头朝西和用红笔签名都意味着死亡。忌脚底向人和在别人面前盘定而坐,忌用脚把东西踢给别人,也忌用脚踢门。就座时,泰国人忌跷二郎腿,妇女就座时双腿要并拢,否则会被认为无教养。在泰国,男女仍然遵守授受不亲的戒律,故不可在泰国人面前表现出男女过于亲近。当着泰国人的面,最好不要踩门槛,因为他们认为门槛下住着神灵。泰国人忌讳褐色,而喜欢红色、黄色。他们习惯用颜色来表示不同的日期。如:星期日为红色,星期一为黄色,星期二为粉红色,星期三为绿色,星期四为橙色,星期五为淡蓝色,星期六为紫红色。在泰国,人们忌讳狗的图案。

六、台、港、澳地区

台湾是中华人民共和国领土不可分割的一部分,国家对香港、澳门特别行政区实行"一国两制"。台、港、澳地区居民是我们的骨肉同胞。他们热爱祖国和中华民族,有强烈的民族感和乡土观念。

（一）宗教信仰

台、港、澳同胞主要信仰佛教，此外还有不少人信仰基督教或天主教，他们中的回族同胞则信仰伊斯兰教。

（二）节庆

台湾、香港和澳门地区居民注重过中国传统的农历节日，如端午节、春节等。过节时要祭神、祭祖，其形式、规矩讲究较多。当然，由于受西方文化的影响，许多人也习惯过西方的圣诞节等节日。

（三）饮食习惯

台、港、澳同胞的饮食习惯和祖国大陆基本相仿。许多人回内地探亲访友、旅游观光时喜吃家乡菜和各地传统的风味小吃。一般喜欢品尝各种高档特色的名菜、名点，爱喝"茅台"一类的名酒，以及"龙井""铁观音"等名茶。

（四）礼貌礼节

台、港、澳地区通行的礼节为握手礼。因有些人参禅信佛，故也有人行"合十"礼和呼"阿弥陀佛"的。台、港、澳同胞在接受饭店服务员斟酒、倒茶时行"叩指礼"，即把手指弯曲，以指尖轻轻叩打桌面以示对人的谢意，这种礼节来源于"叩头"礼。台、港、澳同胞一般比较勤勉、守时。与他们交往时要注意做到不能使他们觉得丢面子；与他们谈话入正题前要说些客套话，以表示祖国大陆人民对他们的热情友好和真诚欢迎。

（五）禁忌

台、港、澳同胞，尤其是老一辈人忌讳说不吉利的话，喜欢讨口彩。如：香港人特别忌"4"字，因其谐音"死"。若遇讲"4"，可改说成"两双"，他们听了乐意接受。又如住饭店不愿进"324"房间，因其在广东话里的发音与"生意死"谐音，不吉利。过年时喜欢别人说"恭喜发财"之类的恭维话，不说"新年快乐"，因为"快乐"音近"快落"，不吉利。由于长期受西方的影响，外国人的一些禁忌他们也同样忌讳，如忌"13""星期五"等。

七、华侨和外籍华人

华侨和外籍华人都是中国血统的华人，他们侨居在世界各国，人数众多。华侨的身份表明了他们虽侨居在海外，但未入侨居国的国籍，是中国侨民；而外籍华人则指已加入该国国籍的华人。

新中国诞生后，祖国日益强盛，特别是改革开放以来，社会主义祖国的建设事业日新月异，使广大海外侨胞以及外籍华人倍感自豪。他们向往来华观光旅游，亲眼目睹中华民族的腾飞，所以这些年来越来越多的华侨和外籍华人，尤其是在海外漂泊数十年的老一辈人都纷纷扶老携幼、如潮似涌来重游故土，寻根访友。

由于长期侨居海外，他们受居住国的影响较深，在风俗习惯、宗教信仰、礼貌礼节等诸方面既保留了中华民族的传统，又接受了海外的影响。有所区别的只是老一代人的家乡观念比较强，饮食习惯、宗教信仰、礼貌礼节以及语言文字在很大程度上习惯于中国传统；而出生、成长在海外的后代则明显接受了西方的教育。所以在接待华侨和外籍华人时，应尊重他们的习惯，如用餐时筷子还是用刀叉；起居习惯是早睡早起还是晚睡晚起都要"主随客便"。一般来说，只要我们在服务中善于观察和总结，把对台、港、澳同胞的服务与对世界各国友人的服务规格和方式有机地结合起来，他们会感到亲切、满意的。

第二节 北美洲国家

北美洲主要国家是美国和加拿大。由于地理位置优越,自然环境良好,工农业生产的专门化、机械化和商品化发展较早、起步快,两国迅速成为资本主义发达国家。旅游业在美国、加拿大也很发达,这两国既是旅游市场,又是旅游客源国。自20世纪80年代以来,改革开放促使我国经济迅猛发展,社会主义建设的巨大成就举世瞩目,从这两个国家被吸引到我国的商务客和观光者剧增,在我国的海外旅游客源中占有相当的比例。

一、美国

美国是一个多民族的移民国家,历史不长,但经过200余年各民族的融合和兼收并蓄,在习俗和礼节方面,形成了以欧洲移民传统习惯为主的特色。

美国人给人总的印象是:性格开朗,乐观大方,不拘小节,讲究实际,反对保守,直言不讳。

(一)宗教信仰

在美国,大约有30%的人信仰基督教,20%左右信仰天主教,其他人则分别信仰东正教、犹太教或佛教等各种宗教。

(二)节庆

美国的国庆称"独立节",在每年的7月4日。圣诞节是美国人最重视的节日。国定的节日还有感恩节,也叫火鸡节,在每年11月的第4个星期四举行。定在每年6月第3个星期日的父亲节和5月第2个星期日的母亲节都是为了感激父母含辛茹苦养育之恩的传统节日。美国的青年人还喜欢过愚人节。美国的植树节是为纪念农学家莫尔顿的提议而设立的,故现在就以这位科学家的生日4月22日为植树节。

(三)饮食习惯

美国人的饮食习惯有几个明显的特点:一是忌油腻,喜清淡。新鲜的蔬菜生的、冷的都吃。鸡、鸭、鱼、带骨的食品要剔除骨头后才做菜。二是喜欢吃咸中带甜的食品,烹调的方法偏爱煎、炒、炸,但不用调味品,而是把番茄沙司、胡椒粉、精盐、辣酱油等调味品放在桌上,任进餐者按自己的口味自由调配。三是美国人讨厌奇形怪状的食品,如鳝鱼、鸡爪、海参、猪蹄之类,清蒸的、红烧的均不吃;脂肪含量高的肥肉和胆固醇含量高的动物内脏也不吃。他们倒对我国北方的甜面酱、南方的海鲜酱有兴趣。他们平时自己做菜时喜欢用水果作配料,用苹果、紫葡萄和凤梨等来烧肉类、禽类食品。水果也用在做冷菜上,通常用色拉油调和。不用色泽深沉的酱油。

美国人一般不喝中国茶,爱喝冰水、冰矿泉水、冰啤酒、冰可乐、冰牛奶等软性饮料,而且越冰越好。餐前习惯喝些果汁,如橙汁、番茄汁;用餐过程中饮啤酒、葡萄酒等;餐后有喝咖啡助消化的习惯。

(四)礼貌礼节

美国人一般都性格开朗,乐于与人交际,而且不拘泥于正统礼节,没有过多的客套。与人相见不一定以握手为礼,而是笑笑,说声 Hi(你好)就算有礼了;分手时他们也是习惯性地挥挥手,说声"明天见""再见"。如果别人向他们行礼,他们也会用相应的礼节作答,如握手、点头、行注目礼、行吻手礼等。行接吻礼只限于对特别亲近的人,而且只吻面颊。对美国妇女，不要存男女有别的观念，要充分尊重她们。见面时，如果她们不先伸手，不能抢着要求握手；如她们已伸手，则要立即作出相应的反应，但不能握得又重又紧，长时间不松手。

接待美国人时，要注意他们有晚睡晚起的习惯。他们在与人交往中非常守时，很少迟到。他们通常不主动送名片给别人，只是双方想保持联系时才送。当着美国人的面如想吸烟，需先问对方是否介意，不能随心所欲、旁若无人。

现代的美国人平时不太讲究衣着，爱穿什么就穿什么，具有个性，只有在正式的社交场合才讲究服饰打扮。年轻一代的美国人更是随便些，旅游时为了轻便，往往穿着T恤衫、牛仔裤、休闲鞋，背个包就出门了。美国妇女日常有化妆的习惯，但不浓妆艳抹，在她们眼里自己化淡妆是种需要，也是表示尊重别人。在美国崇尚"女士第一"，在社会生活中"女士优先"是文明礼貌的体现。

美国人讲话中礼貌用语很多，"对不起""请原谅""谢谢""请"等脱口而出，显得很有教养。他们在同别人交谈中喜欢夹带手势，有声有色。但他们不喜欢别人不礼貌地打断他们的讲话。另外，如同其他外国人，美国人很重视维护个人的隐私权，忌讳被人问及个人私事；交谈时与别人总保持一定的距离，所以与美国人谈话不得靠得太近，也不得太远，不然会被认为失礼。

（五）禁忌

美国人忌讳与穿着睡衣的人见面，这是严重失礼的，因为他们认为穿睡衣就等于不穿衣服。美国人不提倡人际交往送厚礼，否则要被涉嫌别有用心。

二、加拿大

加拿大是一个年轻富庶的国家，加拿大人热情友好，文明礼貌，踏实勤奋。他们喜爱现代艺术，酷爱体育运动。由于该国地理纬度高，气候寒冷，加上众多的巨大的天然场地，雪上运动项目开展得相当普及。

加拿大是1970年10月与我国建交的。两国关系一直良好，贸易额不断增大，来华旅游者人数不断增多。

（一）宗教信仰

加拿大人主要是欧洲移民的后裔，以英国人、法国人血统为多，除魁北克省的人讲法语外，其他地区人讲英语。加拿大人中大部分信仰天主教、基督教。

（二）节庆

加拿大人大多为欧洲血统，宗教信仰上又沿袭祖先的崇拜，所以该国的节庆都是西方国家共有的，如圣诞节、感恩节等。

（三）饮食习惯

在饮食口味上，加拿大人喜食甜酸的、清淡的、不辣的食品，烹调中不用调料，上桌后由用餐者随意自由选择调味品。除炸烤的牛排、羊排、鸡排外，他们也爱吃野味。来中国后，他们乐意接受中国的名菜。

平时，加拿大人早餐喝牛奶、果汁，吃土司、麦片粥、煎或煮鸡蛋。在饮料的品种上与美国人的选择相仿，只是不像美国人那样强调"一定要冰镇"。

加拿大人喜欢喝下午茶，苹果派、起司派等甜食品是他们在喝咖啡时喜爱品尝的。

可能是天气寒冷的缘故，不少加拿大人嗜好饮酒。威士忌、白兰地、伏特加都很受欢迎。

晚餐（正餐）是加拿大人最重视的一餐。他们注意营养，要喝原汁原味的清汤；他们也讲究饮食上的科学,不吃胆固醇含量高的动物内脏,也不吃脂肪含量高的肥肉。

(四)礼貌礼节

加拿大人讲究实事求是,与他们交往不必过于自谦,不然会被误认为虚伪和无能。

加拿大人通常行握手礼,讲究使用礼貌语言,注重必要的礼节。

(五)禁忌

除天主教、基督教中的忌讳以外,加拿大人还忌讳别人赠送白色的百合花,因为加拿大人只有在葬礼上才使用这种花,这点要千万注意。颜色方面,他们一般不喜欢黑色和紫色。在宴席上,他们惯常用双数(偶数)安排座次。

第三节 欧洲国家

欧洲国家众多,人口相当密集,民族多,语言按语系分类。习惯上,人们把欧洲细分为东、西、南、北、中5个区域,其中,北欧有瑞典、芬兰、丹麦和挪威等;西欧有英国、法国、荷兰、比利时等;中欧有德国、奥地利、瑞士、卢森堡等;南欧有意大利、希腊、西班牙等,东欧有俄罗斯、捷克、匈牙利、波兰、罗马尼亚等许多国家。欧洲不但自然环境优美、文化古迹多,而且工业相当发达,国民生活水平高,吸引着世界各地游客去那里观光游览,同时每年大量的欧洲游客也涌向世界各地,是世界上最大的客源地区之一。近年来,欧洲游客也向往到东方,特别是来中国亲眼目睹闻名天下的北京长城、故宫,西安的秦兵马俑,桂林的山水。这里我们就选择几个具有代表性的国家做些介绍。

一、英国

对我国旅游业来说,英国是主要客源国之一。

(一)宗教信仰

绝大部分人信奉基督教,只有北爱尔兰地区的一部分居民信奉天主教。

(二)节庆

英国除了宗教节日外还有不少全国性和地方性的节日。在全国性节日中,国庆和除夕之夜是最热闹的。英国国庆日是不固定的,而是按历史惯例定在当今在位英王生日的那一天。除夕之夜通常全家人围坐在一起,聚餐饮酒,唱辞岁歌迎接新年到来。英格兰的新年礼物是煤块,拜亲访友时进门要把煤块放入主人家的炉子内,并说:"祝你家的煤长燃不熄。"

(三)饮食习惯

英国人饮食没有什么特别的禁忌,只是口味喜清淡酥香,不爱辣味。有些比较讲究的英国人一日四餐:早餐丰盛,一般吃麦片、三明治、奶油点心、煮鸡蛋,饮果汁或牛奶;午餐较简单;下午茶也算是一餐,通常喝茶时,还吃一些精美的小点心;晚餐最讲究,吃煮鸡、煮牛肉等食物,也吃猪、羊肉。英国人做菜不爱放酒,调味品放在餐桌上,任进餐者自行调味。聚会用餐讲究座次、出席者的服饰和化妆打扮等。

英国人每餐都喜欢吃水果,晚餐还喜欢喝咖啡。夏天爱吃各种果冻和冰激凌,冬天则爱吃蒸的布丁。

英国人爱喝茶,一早起床就要喝一杯浓红茶。倒茶前,要先往杯子里倒入冷牛奶,加点糖,若先倒茶后倒奶会被认为无教养。他们常饮葡萄酒和冰过的威士忌苏打水,也有的喝啤酒。

(四)礼貌礼节

英国人重视礼节和自我修养,所以也注重别人对自己是否有礼,重视行礼时的礼节程序。他们很少在公共场合表露自己的感情。

英国人,特别是年长的英国人,喜欢别人称他们的世袭头衔或荣誉头衔,至少要用"先生""夫人""阁下"等称呼。见面时对初次相识的人行握手礼。在大庭广众之下,他们一般不行拥抱礼,男女在公共场合不手拉手走路。他们安排时间讲究准确,而且照章办事。若请英国人吃饭,必须提前通知,不可临时匆匆邀请。英国人若请你到他家赴宴,你可以晚去一会,但不可早到。若早到,有可能主人还没有准备好,导致失礼。

英国人特别欣赏自己的绅士风度,认为这种风度是他们的骄傲。他们不喜欢别人问及有关个人生活的问题,如职业、收入、婚姻等。就是上厕所,也不直接说,而代之以"我想去趟洗手间"等。

英国人较注意服饰打扮,什么场合穿什么衣服都有讲究。下班后,英国人不谈公事,尤其讨厌就餐时谈公事,也不喜欢邀请有公事交往的人来自己家中吃饭。在宴会上若是英国人当主人,他可能先为女子敬酒,敬酒之后客人才能吸烟、喝酒。

"女士第一"在英国比在世界其他国家都明显,我们接待英国妇女时必须充分尊重她们。对英国人用表示胜利的手势"V"时,一定要注意手心对着对方,否则会招致不满。和英国人闲谈最好谈天气等,不要谈论政治、宗教和有关皇室的小道消息。安排英国客人的住房时,要注意他们喜欢住大房间并愿独住的特点。

(五)禁忌

英国人对数字除忌"13"外,还忌"3",特别忌用打火机或火柴为他们点第三支烟。一根火柴点燃第二支烟后应及时熄灭,再用第二根火柴点第三个人的烟才不算失礼。与英国人谈话,若坐着谈应避免两腿张得过宽,更不能跷起二郎腿;若站着谈不可把手插入衣袋。忌当着英国人的面耳语,也不能拍打他人肩背。英国人忌用人像做商品装潢。

二、法国

法国是旅游资源非常丰富的国家,同时也是我国旅游业的主要客源国之一。

(一)宗教信仰

大多数法国人信奉天主教,少数信奉基督教和伊斯兰教。

(二)节庆

法国人过年,家中的酒要全部喝完,他们认为过年若不喝完家里的酒,来年就要交厄运。法国人过其他节日也大量喝酒,如每年7月14日的国庆节、5月8日的停战节等。11月1日是法国人祭奠先人及为国捐躯者的节日,叫万灵节,也称诸圣节。体育节在每年3月中旬的第一个星期日。

(三)饮食习惯

法国人早餐一般吃面包、黄油,喝牛奶、浓咖啡;午餐喜欢吃炖鸡、炖牛肉、炖火腿、焖龙虾、炖鱼等;晚餐是讲究的,所以晚餐一般很丰盛。法国人各种蔬菜都喜欢吃,但要新鲜;他们不喜辣味,爱吃冷盘,对冷盘中的食品,习惯自己切着吃。所以若我们用中餐招待他们,要在摆中餐具的同时摆上刀叉。法国人不太喜欢吃汤菜。

法国人的口味特点是喜鲜嫩、肥浓,做菜用酒较重;肉类菜不烧得太熟,有的只有三四成熟,最多七八成熟;喜欢生吃牡蛎。菜肴的配料爱用大蒜、丁香、芹菜、胡萝卜和洋葱。此外,法国人还爱吃蜗牛、青蛙腿及酥食点心。他们的家常菜是牛排和土豆丝,鹅肝是法国的名贵菜。法国人每天都离不开奶酪。他们爱吃长鳞片的鱼类,爱吃水果,而且餐餐要有。

法国人喜欢喝啤酒、葡萄酒、苹果酒、牛奶、红茶、咖啡、清汤等。

(四)礼貌礼节

法国人乐于助人,谈问题不拐弯抹角,但不急于做出结论,做出结论后都明确告知对方。约会讲准时,不准时被认为是无礼貌。在公共场所,不能随便指手画脚、掏鼻孔、剔牙、掏耳朵;男子不能提裤子,女子不能隔着裙子提袜子;女子坐时不能跷起二郎腿,双膝要靠拢。男女一起看节目,女子坐在中间,男子则坐在两边。不赠送或接受有明显广告标记的礼品,而喜欢有文化价值和艺术水平的礼品。不喜欢听蹩脚的法语。

法国人待人彬彬有礼,礼貌语言不离口。稍有不当,如偶尔碰了别人一下,就认为自己失礼而马上说:"对不起。"在公共场所,他们从不大声喧哗。

法国人行接吻礼时,规矩很严格:朋友、亲戚、同事之间只能贴脸或颊,长辈对小辈是亲额头,只有夫妇和情侣才真正接吻。

(五)禁忌

法国人忌黄色的花,认为黄色花象征不忠诚;忌黑桃图案,视之为不吉利;忌仙鹤图案,认为仙鹤是蠢汉和淫妇的象征;忌墨绿色,因为纳粹军服是墨绿色;忌送香水给关系一般的女人,在法国认为送香水给女人意味着求爱。

三、德国

德国人民生活水平颇高,有薪假期长,公民出国旅游十分普遍。该国的旅游业也很发达,有不少吸引游客的文物古迹和游乐设施。

(一)宗教信仰

国民中信奉基督教的约占一半,另有约46%的人信奉天主教。

(二)节庆

除传统的宗教节日外,最主要的节日是举世闻名的慕尼黑啤酒节,该节从每年9月最后一周到10月第一周要连续过半个月,热闹非凡,节日期间所喝的啤酒可汇集成河。德国科隆的狂欢节从每年11月11日11时11分开始,要持续数十天,到来年复活节前40天才算过完。

(三)饮食习惯

德国人早餐比较简单,一般只吃面包,喝咖啡。午餐是他们的主餐,主食一般是面包、蛋糕,也吃面条和米饭;副食喜欢吃瘦猪肉、牛肉、鸡蛋、土豆、鸡鸭、野味,不大喜欢吃鱼虾等海味,也不爱吃油腻、过辣的菜肴,口味喜清淡、甜酸。晚餐一般吃冷餐,吃时喜欢关掉电灯,只点几支蜡烛,在幽淡的光线下边谈心边吃喝。他们爱吃各种水果及甜点心。德国人以啤酒为主,也爱喝葡萄酒。此外,德国人在外聚在一起吃饭,在不讲明的情况下,要各自掏钱。

(四)礼貌礼节

德国人好清洁,纪律性强,在礼节上讲究形式,约会讲准时。在宴会上,一般男子要坐在妇女和职位高的人的左侧。女士离开和返回饭桌时,男子要站起来以示礼貌。请德国人进餐,事前必须安排好。他们不喜欢别人直呼其名,而要称头衔。接电话要首先告诉对方你的姓名。与他们交谈,可谈有关德国的事及个人业余爱好和体育,如足球之类的运动,但不要谈篮球、垒球和美国式橄榄球运动。

(五) 禁忌

除宗教禁忌外,德国人对颜色禁忌较多,茶色、黑色、红色、深蓝色他们都忌讳;服饰和其他商品包装上忌用"卐"或类似符号;他们还忌吃核桃;到德国人家拜访,忌向女主人送红玫瑰花。

四、意大利

意大利的首都罗马有三多:教堂多、喷泉多和雕塑多,其他几个闻名于世的古城也有许多吸引人的古建筑和现代艺术品、游览设施,所以意大利是一个有诱惑力的旅游资源丰富的国家。因为属于发达国家,有钱的意大利人也有周游列国的欲望。近年来,越来越多的意大利人前来我国旅游。

(一) 宗教信仰

意大利人绝大多数信奉天主教。天主教在意大利有着很大的传统影响,首都罗马城内的梵蒂冈是世界罗马天主教的中心。

(二) 节庆

意大利人过基督教三节的盛况为世人瞩目。他们的狂欢节在世界上很有名。意大利狂欢节在每年2月中旬进行,比德国狂欢节的时间短,和巴西的狂欢节过法也不相同。此外还有罗马建城节(4月21日)、情人节(2月14日)。蛇节无疑使害怕蛇的人望而生畏,因为这一天人们手中拿着蛇,街上爬着蛇。意大利人过除夕夜放鞭炮,摔瓶子、花盆等,热闹非凡。

(三) 饮食习惯

意大利人喜欢吃米饭和面食,面食的种类繁多,不仅可以当主食,而且可以当菜肴。该国菜肴具有味浓、原汁原味的特点。由于意大利三面濒海,海鲜丰富,所以意大利人喜食海鲜。他们喜欢吃生的牡蛎及蜗牛。

来华的意大利人对我国粤菜、川菜比较喜欢,但川菜要无辣或微辣。餐后,意大利人喜欢吃水果,如苹果,也有人喜喝酸奶。酒是意大利人离不开的饮料,特别是葡萄酒,不论男女,几乎餐餐都饮。吃一顿饭,菜只要两三道,但酒却要喝上一两个小时,连喝咖啡也要兑上一些酒。过节时,更要开怀痛饮。

(四) 礼貌礼节

意大利人亲友之间经常跳舞联欢,待人接物也颇多艺术情调。见面礼是握手或用手示意。意大利大学生毕业后一般都有头衔,喜欢别人称呼他们的头衔。与意大利人的谈话内容可以是家庭、工作、新闻及足球,但不要与他们谈论政治和美国的橄榄球。

(五) 禁忌

意大利人忌菊花,因为菊花是他们祭坟扫墓时才用的花。

五、俄罗斯

俄罗斯是一个大国,有着悠久的历史和丰富的传统文化。近年来,随着中俄两国睦邻友好关系的发展,边境贸易剧增,引来了大量的旅游客源。

(一) 宗教信仰

俄罗斯人主要信仰东正教,这是该国的国教。

(二) 节庆

俄罗斯人每年要过圣诞节、洗礼节、谢肉节和旧历年等。

(三)饮食习惯

俄罗斯人日常以面包为主食,鱼、肉、禽、蛋和蔬菜为副食。他们喜食牛、羊肉,但不大爱吃猪肉,偏爱酸、甜、咸和微辣口味的食品。

俄罗斯人的早餐较简单,吃上几片黑面包、一杯酸牛奶就可以了。但午餐和晚餐很讲究,他们要吃肉饼、牛排、红烧牛肉、烤羊肉串、烤山鸡、鱼肉丸子、炸马铃薯、红烩鸡和鱼等。俄罗斯人爱吃中国许多肉类菜肴,对北京的烤鸭很欣赏,但不吃木耳、海蜇、海参之类的食品。

俄罗斯人在午餐和晚餐时一定要喝汤,而且要求汤汁浓,如鱼片汤、肉丸汤、鸡汁汤等。

凉菜小吃中,俄罗斯人喜欢吃生西红柿、生洋葱、酸黄瓜、酸白菜、酸奶渣以及酸奶油拌色拉等。他们进餐时吃凉菜的时间较长,故服务时不要急于撤盘。

俄罗斯人喝啤酒佐餐,酒量也很大。他们最喜欢喝高度烈性的"伏特加",对我国产的"二锅头"等白酒也是爱不释手。俄罗斯人在喝红茶时有加糖和柠檬的习惯,通常他们不喝绿茶。酸奶、果汁则是妇女和儿童们喜爱的饮料。

(四)礼貌礼节

俄罗斯人性格豪放、开朗,喜欢谈笑,组织纪律性强,习惯统一行动。这个民族认为给客人吃面包和盐是他们最殷勤的表示。他们与人相见,开口先问好,再握手致意。朋友间行拥抱礼并亲面颊。与人相约,讲究准时。他们尊重女性,在社交场合,男性会帮女性拉门、脱大衣,餐桌上为女性分菜等。称呼俄罗斯人要称其名和父名,不能只称其姓。他们爱清洁,不随便在公共场所扔东西。俄罗斯人重视文化教育,喜欢艺术品和艺术欣赏。当代年轻的俄罗斯人中也有不少开始崇尚西方文化。俄罗斯人普遍习惯洗蒸汽浴,洗法也很特别,洗时要先用桦树枝抽打身子,然后再用冷水浇身。

(五)禁忌

与俄罗斯人交往不能说他们小气。初次结识俄罗斯人忌问对方私事。不能与他们在背后议论第三者。对妇女忌问年龄等。

第四节 大洋洲国家

大洋洲是世界第七大洲,是由澳大利亚、新西兰及一些岛国组成的。16世纪前,这里人烟稀少,只有土著人居住。后来随着英国和其他欧洲移民的迁居,大洋洲诸岛就成了英国等发达国家的殖民地。现在,这一地区大多数国家已摆脱了殖民统治,获得独立,其中最先独立的是拥有世界珍稀动物袋鼠、鸵鸟、鸭嘴兽和黑天鹅的澳大利亚。

一、澳大利亚

澳大利亚是一个后起的资本主义国家,曾沦为英国殖民地,独立后仍为"英联邦"成员国。澳大利亚的人口中95%为英国移民的后裔,通用英语。

澳大利亚地大物博,采矿工业发达,铁、铝、铜、金等矿产品的产量均居世界前列,农牧业以小麦和养羊为主,羊的总头数常居世界第一位。由于人民生活水平高,出国旅游人数多,也是我国主要的客源国之一。

(一)宗教信仰

大多数澳大利亚人信奉天主教和基督教。

(二) 节庆

当北半球的国家在12月底欢度圣诞节的时候,位于南半球的澳大利亚正处于仲夏时节,所以澳大利亚的圣诞节与众不同,别有风趣。圣诞老人穿着大红皮袄,踏着雪橇与烈日下大汗淋漓、吃着冰激凌的人们形成鲜明的对照,是一番少有的庆贺景象。

(三) 饮食习惯

由于历史的原因,澳大利亚人口中英国移民的后裔占绝大多数,他们的饮食习惯与英国人相差不多。菜要求清淡,不喜欢辣味。澳大利亚人喜吃新鲜蔬菜、煎蛋、炒蛋、火腿、鱼、虾、牛肉等。菜肴中的脆皮鸡、炸大虾、油爆虾、糖醋鱼、奶油烤鱼和烧西红柿等是他们常吃的食品。对于中餐,澳大利亚人偏爱广东菜。无论吃西餐或是中餐,他们都习惯用很多调味品,在餐桌上由自己调味。

(四) 礼貌礼节

澳大利亚人见面时行握手礼,握手时非常热烈,彼此称呼名字,表示亲热。他们办事爽快、认真,喜欢直截了当,也乐于交朋友,碰见陌生人喜欢主动聊天,共饮一杯酒后就交上了新朋友。澳大利亚人注意遵守时间并珍惜时间。

(五) 禁忌

与英国人相仿。

二、新西兰

1907年独立前是英国殖民地,现为"英联邦"成员国。国民绝大部分也是英国移民的后裔,讲英语。

新西兰全境多山,山地面积占全国面积的1/2,经济上以农牧业为主,盛产肉类、奶油、乳酪和羊毛,并出口到世界各国。与我国有良好的贸易往来。

(一) 宗教信仰

新西兰人中有的信奉基督教,属圣公会、长老会,有的信奉天主教。

(二) 节庆

主要节日为国庆节(2月6日)、圣诞节等。

(三) 饮食习惯

由于盛产乳制品和牛羊肉,所以新西兰人的饮食中少不了这些食物。当然,他们的基本饮食习惯还是与其祖先——英国移民一致。该国虽然人口不多,但每年人均啤酒消耗量却很大。

(四) 礼貌礼节

与澳大利亚人一样,见面行握手礼。守时惜时,待人诚恳热情。

(五) 禁忌

新西兰人受信仰的宗教影响,故也有西方人通常的忌讳。

第五节　非洲国家和拉丁美洲国家

一、非洲国家

非洲是世界文明的发源地之一。非洲人勤劳、有智慧。过去的几个世纪中,由于长期受葡萄牙、西班牙、英国、法国、荷兰、比利时、德国,以及意大利等殖民者的侵入、瓜分和奴役,非洲成了一个贫穷落后的地区,直至近 50 年来大部分非洲国家相继独立,加入了第三世界发展中国家的行列。他们纷纷与我国建立了外交关系并加强了友好往来。

尽管目前从非洲来华的旅游观光者不多,但还是有必要对非洲人的基本习俗和礼节作个简要的介绍,以便热情友好地接待来自远方的朋友。

大体上非洲人分黑种人和白种人两大类,黑种人分布在非洲的东部、中部和西部及南部的一些国家,而白种人多数居住在北非地区和南非。黑种人大多信仰原始宗教、拜物教;而白种人则以信奉伊斯兰教为主。他们的习俗往往是由宗教信仰决定的。这样,我们在接待服务中只要先弄清他们的宗教信仰,就可以掌握服务要点,做到尊重宾客。

在一般情况下,非洲人能"入乡随俗",接受我们中国的菜点,吃西餐也不成问题,只是不要把猪肉、动物的内脏之类的食品上桌,不要主动供酒就行。特别是对穆斯林,千万不要只用左手递物品,而要用右手或双手;不要与他们谈及政治;他们做礼拜时不能打扰。表示友好时可行握手礼,并要显得落落大方。对黑种人不能直呼其"黑人",而应称非洲人或某国人,否则他们会认为这种称呼是对他们的歧视、不礼貌。所以,我们要注意他们所属民族和原属哪个国家的殖民地,以便了解他们使用的语言和基本的习俗。非洲人生活在热带,衣、食、住都比较简单;他们有时也不太注意整理房间,对此不必感到奇怪。他们大多爱好音乐、舞蹈,即兴时会手舞足蹈,对此不要表露出吃惊的神态,而应理解他们并做好礼貌服务。由于历史的缘故,非洲人很注意别人对他们的尊重程度,所以礼貌服务有着特殊意义。

二、拉丁美洲国家

拉丁美洲泛指美国以南的美洲地区,因该地区国家大多讲西班牙语,只有巴西用葡萄牙语,海地说法语,这些语言均属拉丁语系而得名。

拉丁美洲原为印第安人的居住地。在 15 世纪到 16 世纪期间,全部被西班牙、葡萄牙侵占而沦为殖民地。随之欧洲移民大量涌入。那里的居民主要是印欧混血种人、黑白混血种人、白种人、印第安人、黑种人等。其中以混血种人和欧洲白种人后裔为主,约占 60% 以上。拉丁美洲人大多数信奉天主教,其次是信仰基督教、原始宗教、印度教、伊斯兰教和犹太教。

拉丁美洲人热情豪放,热忱好客,能歌善舞。

拉美各国除欢庆元旦、国庆、圣诞节、复活节之外,还保留了不少民族传统的节日。巴西人每年要过"狂欢节",大跳桑巴舞便是典型的一例。拉美各族的习俗多而不同,均带有浓厚的宗教色彩,祈祷平安无事、来年丰收是共同的特点。

拉丁美洲人主食多为面包、玉米饼。他们爱吃的副食品有牛肉、羊肉、鸡、鸭、鱼和各类蔬菜,但不吃蟹、鱿鱼、鳝鱼之类的食品。他们善用的烹调方法是烤、焖、炸、煎。在饮食口味上既有欧美国家的特征,也有类似我们中国人的某些特点。

咖啡是拉丁美洲人普遍饮用的饮料,巴西产的咖啡闻名于世。此外,他们也习惯喝红茶,喜爱各种果汁等软性饮料,喜喝葡萄酒,但喝烈性酒的人并不多。

与拉丁美洲人交往,一般行握手礼即可。对属第三世界发展中国家的拉丁美洲友人只要注意尊重与友好,接待服务工作是不难做的。

在了解世界各国习俗和礼节的时候,我们要注意以下几个特点:

1. 宗教信仰对习俗、礼节有很大的影响。国家不同、民族不同,而宗教信仰如果相同,习俗、礼节就有许多相近或相同之处。

2. 习俗、礼节与民族和种族有关。习俗、礼节固然和国界有关,但和民族、种族的关系更为密切。同一民族的人虽然生活在不同的国家,习俗、礼节往往相似。

3. 语言对习俗、礼节有很大的影响。使用同一语种或语言的人,习俗、礼节往往类似或相同,因为语言是传播习俗、礼节的工具;使用同样的语言,会促使人们的习俗和礼节相仿或一致。

4. 习俗、礼节有同化现象。不同民族混合居住地区的人们往往容易互相仿效、互相学习。历史上一些帝国主义强权国家侵略、奴役弱小国家和民族,强行推行他们的文化和礼节等,久而久之便使这些弱小国家和民族在习俗、礼节上受其影响。当然,一些殖民者和移民也学习被统治国家和移民地的习俗和礼节,这就使习俗、礼节互相渗透,互相融会,逐渐同化。

由此可见,要熟悉世界上所有国家的习俗和礼节,可以从以上几个方面去加以归纳总结,这是了解世界各国、各民族习俗和礼节的一种有效方法。

本章小结

本章节主要介绍了分布在各大洲的我国主要客源国和地区的习俗和礼节。学习和掌握这些知识,就能向宾客提供有针对性的礼仪服务。这样,尊重宾客才不是句空话,优质服务才有可靠的保证。

思考与练习

1. 分别简述日本、韩国、新加坡、马来西亚和泰国人民的宗教信仰、主要节庆、饮食习惯、礼貌礼节和禁忌。
2. 简述台、港、澳同胞的宗教信仰、主要节庆、饮食习惯、礼貌礼节和禁忌。
3. 分别简述美国、加拿大人民的宗教信仰、主要节庆、饮食习惯、礼貌礼节和禁忌。
4. 分别简述英国、法国、德国、意大利和俄罗斯人民的宗教信仰、主要节庆、饮食习惯、礼貌礼节和禁忌。
5. 分别简述澳大利亚、新西兰人民的宗教信仰、主要节庆、饮食习惯、礼貌礼节和禁忌。
6. 在接待非洲和拉丁美洲国家来宾时,我们应掌握哪些要点?
7. 在了解世界各国习俗和礼节时,我们应注意哪些特点?

第 7 章 我国主要少数民族的习俗和礼节

☞ **学习重点**
- 我国主要少数民族的习俗和礼节
- 我国主要少数民族的宗教信仰和饮食习惯

我国是多民族的国家,除汉族以外,还有 55 个少数民族。在我国,每一个少数民族都是社会主义大家庭的一员,各民族都充分享有平等、民主的权利,各民族的风俗习惯都能受到尊重,党和政府为此制定了一系列的民族政策。

新中国成立后,特别是改革开放以来,少数民族地区的经济文化也同样得到了长足发展。近年来,随着日益扩大的国际交往和我国人民群众生活水平的迅速提高,到少数民族地区的风情游已成为吸引海内外游客的新亮点;同样,少数民族同胞到全国各地饱览祖国的大好河山,到经济发达地区参观访问和学习交流也成为和谐社会的新景象。因此,了解和熟悉我国少数民族的习俗和礼节,既是旅游企业从业人员的职业要求,更是为广大来自五湖四海的宾朋做好接待服务工作的先决条件。

第一节 主要分布在北方地区的少数民族

一、朝鲜族

朝鲜族是我国少数民族中整体文化水平较高,经济发展较快,人民物质生活较好的一个民族。在我国的朝鲜族人,主要是 19 世纪中叶由朝鲜半岛陆续迁入的。1910 年,日本吞并朝鲜后,由于不堪忍受日本帝国主义侵略者的奴役和剥削,大批朝鲜移民进入我国东北三省,到 20 世纪 20 年代初就达到约 36 万人。他们在我国东北地区定居下来后,逐渐发展成为我国当代的一个少数民族。朝鲜族人擅长种植耐寒的水稻,他们生产的水稻品种优良,营养丰富,延边朝鲜族自治州还被誉为"北方水稻之乡"。长白山林区的特产人参、貂皮和鹿茸,是众所周知的"东北三宝"。

(一)分布

朝鲜族人主要分布在吉林省,其次在辽宁省和黑龙江省,还有少量散居在内蒙古自治区。吉林省延边朝鲜族自治州是朝鲜族人最大的聚居区。

(二)语言

绝大多数朝鲜族人使用朝鲜语和朝鲜文。朝鲜语有六种方言。

(三)宗教信仰

朝鲜族人中信仰宗教的很少,只有极少数人信仰佛教、基督教和天主教。

(四)饮食习惯

朝鲜族人以米饭为主食,不吃稀饭。他们爱吃烧烤、泡菜和辣椒,还有狗肉、精猪肉、鸡肉、豆芽、粉丝等。泡菜是朝鲜族人的传统食品,家家都做,人人爱吃。在调味上,他们偏爱辣椒、胡椒、大蒜、生姜和香油,所以他们的菜肴味偏辣。朝鲜族男性善喝酒。

(五)习俗

敬老爱幼是朝鲜族人的传统美德。

春节也是他们的重大节日,届时每家每户要在门上墙上贴表达祝福的对联和喜庆的年画。亲朋好友团聚时吃饺子、甜饭(一种用糯米、枣子、松子拌蜂蜜制成的食品)。朝鲜族人能歌善舞,高兴时会翩翩起舞,舞姿优美。长鼓舞是其最具民族特色的舞蹈。荡秋千是他们非常喜爱的一种传统民族体育活动。

二、蒙古族

"蒙古"这一称谓史书上最早见于唐代,那时它只是众多部落中的一个部落的名称。这个部落的发祥地在额尔古纳河东岸一带,以后逐渐西移。公元1206年铁木真(成吉思汗)统一了各部落,建立了蒙古国,从此,我国北方开始形成了一个强大、稳定的蒙古族。成吉思汗统一中国后,建立了元朝。从那时起,蒙古族人民在我国的政治、军事、经济、科学、文化、医学、天文等领域都做出过重大的贡献。

(一)分布

蒙古族人主要聚居在内蒙古自治区,以及黑龙江、吉林、辽宁、甘肃、青海和新疆等省(自治区)内的蒙古族自治州、县。也有少量蒙古族人散居在河北、宁夏、四川、云南、北京等地。

(二)语言

蒙古族人使用蒙古语、蒙古文,中国的蒙古语有三种方言。

(三)宗教信仰

蒙古族人大多信仰喇嘛教(藏传佛教)。

(四)饮食习惯

生活在牧区的蒙古族人主要吃牛羊肉,饮牛、马、羊奶制成的奶茶和奶子酒及用小米酿成的泡子酒,生活在农业区的蒙古族人的主食是面粉制的馍、面条、饺子等。

蒙古族人通常不吃鸡、鸭、鱼、虾、蟹和家畜内脏。

(五)习俗

蒙古族人性格豪爽,热情好客,尊重长者,也希望得到别人的尊重。

在蒙古族人家做客,他们会走出蒙古包来迎客,客人应根据他们的习俗从左边进入,并席地而坐。当他们用酸马奶招待时,客人应一饮而尽,以表示对主人的敬重和谢意。

蒙古族人很讲究礼仪,如在接受长者赠予时,会屈身或跪下一条腿并伸出右手去接受,以示崇敬、感激。

蒙古族人忌讳骑快马到蒙古包门前下马,因为这样做意味着要报丧事,是不吉利的;他们还忌讳坐在蒙古包的西北角;忌讳别人同时称赞他们的孩子和牲畜,认为这会给孩子和牲畜带来灾难。

那达慕大会是蒙古族人每年七八月间举行的盛大的民族民间活动,那一天男女老少会穿着绚丽的节日盛装骑马或乘车赶赴节日场所参加这一民族的节日活动,其中有传统的射箭、摔跤和赛马,还有现代的篮球、拔河等比赛,热闹非凡。当夜幕降临时,草原上开始响起悠扬的马头琴声,人们会欢快地跳起顶碗舞,大家都沉浸在欢度节日的喜悦之中,令人流连忘返。

三、回族

公元 7 世纪,波斯和阿拉伯商人来到我国经商后,留居在东南沿海福建泉州和广东广州一带。到 13 世纪初,由于战乱又有大批波斯人、阿拉伯人和中亚人被迫迁徙到我国西北地区。他们以通婚、信教等形式与当地的维吾尔族、蒙古族和汉族人融合,又经过数百年的发展渐渐形成了回族。在回族人聚居的城市、乡镇都建有清真寺,形成围寺而居的特点。回族人有自己的饮食习惯,并有以饮食业为主的传统。在许多地方人们可见到挂着"清真"招牌的食品店、饭店,专门为回族人服务,里面出售着各种脍炙人口的清真食品和风味小吃,也吸引了其他各族人民群众前去购买。回族的经济文化水平较高,对我国的历史发展起了重大的作用。

(一)分布

回族人主要聚居在我国西北的宁夏回族自治区,甘肃、青海、河北、河南、山东、云南等省也有规模大小不一的聚居区。此外,我国其他省市都有回族分布,可以说回族是全国分布最广的少数民族。

(二)语言

由于回族人与汉族人数百年来长期生活在一起,因此他们基本上讲汉语,使用汉字,只有少数回族人懂波斯语和阿拉伯语。

(三)宗教信仰

回族人信仰伊斯兰教。

(四)饮食习惯

回族人喜食面食,包子、饺子、泡馍和油炸的食品是他们的主食。回族人只食牛羊肉、鸡鸭和无鳞的鱼,不食猪肉、驴肉、狗肉。通常也不饮酒。他们也爱喝茶,由于居住地区不同,他们选用的茶也各不相同,如西北地区的回族人爱喝砖茶,华北地区的爱喝茉莉花茶,西南地区的多饮红茶,东南地区的则偏爱清茶,这与当地其他民族的饮茶习惯相仿。

(五)习俗

回族人的民族习俗礼节有着典型的伊斯兰特点。他们戴白帽,忌露顶,禁用忌讳的食品开玩笑,谈话时忌讳"猪"字或同音字,忌讳别人在背后议论其民族风俗习惯,信奉伊斯兰教的回民不与其他民族人同桌用餐。他们食用的牛羊鸡鸭都是经过阿訇或做礼拜的人念安拉之名然后宰杀的。回族人十分讲究卫生。

四、维吾尔族

维吾尔族是我国西北部的一个历史悠久的民族,维吾尔的意思是"联合、团结"。维吾尔族人的祖先是公元前 3 世纪北方游牧民族丁零及后来的铁勒。其中,铁勒是西突厥汗国的一部分,于 7 世纪建立了回纥汗国,与唐朝保持着友好的从属关系。回纥国后改称回鹘,公元 9 世纪时迁入新疆与当地的各族居民相互融合,经上千年的演变发展,逐步形成了维吾尔族。维吾尔族人主要从事农业生产,他们擅长种植棉花、葡萄,其园艺水平也很高,经济发展迅速。新中国成立后,中央政府于 1955 年 10 月 1 日建立了新疆维吾尔自治区。在国家的大力支持和帮助下,经过维吾尔族人民和新疆各族人民的共同努力与辛勤劳动,该自治区在工农业生产及其他各个领域都取得了令人瞩目的巨大成就。

(一)分布

维吾尔族主要分布在新疆维吾尔自治区,大多数人聚居在天山以南的绿洲,湖南省的常德、桃源等县也有少量移民。

(二)语言

维吾尔族人使用维吾尔语,有三种方言。维吾尔文使用的是以阿拉伯字母为基础的拼音文字。

(三)宗教信仰

大多数维吾尔族人信仰伊斯兰教。

(四)饮食习惯

维吾尔族人的主食是馕(一种圆形烤饼)、包子、面条和玉米粥等。副食是牛羊肉、鸡肉和蔬菜。他们做炒菜要加肉,基本上不吃单纯的蔬菜。此外,维吾尔族人爱吃用羊肉、清油、葡萄干、胡萝卜、葱和大米做的手抓饭。维吾尔族人有喝奶茶的习惯,也爱喝葡萄酒。

(五)习俗

维吾尔族人讲礼貌、礼节,热情好客,对长者特别尊敬。通常情况下维吾尔族人与人见面习惯握手问候,在他们当中如有有身份或有学问者,则会用右手放在左胸前并躬身后退一步说问候语,以示对对方的尊重。在维吾尔族人家里做客时,主人为了表示对客人的尊敬会请客人坐在靠墙的一边,吃饭时,客人跪坐也是对主人的尊重。主人若请客人先动手用餐,客人应与主人谦让,以示礼貌。用餐时,客人不能随意拨弄盘中的食物,也不要靠近锅灶,如吃手抓饭,要先剪指甲和洗手,洗手后要用毛巾把手擦干方可进食,否则是失礼的行为。为了尊重伊斯兰教的习惯,在接受维吾尔族人递交的物品时应双手去接,切忌不能用单手,更不能用左手。

第二节 主要分布在西南地区的少数民族

一、藏族

早在公元 7 世纪,西藏山南地区的雅隆部落首领松赞干布就统辖了整个西藏,这就是史书上称的"吐蕃"。松赞干布与唐朝文成公主联姻,进一步促进了西藏的发展。到元朝时西藏地区在中央王朝的统治下正式设官建制。清朝政府还正式册封达赖喇嘛和班禅额尔德尼,设立西藏地方政府"噶厦",并任命驻藏大臣。20 世纪 50 年代,西藏地区还保持着"政教合一"的封建农奴制。1959 年,西藏终于迎来了民主改革,彻底推翻了万恶的农奴制,广大藏族人民真正获得了新生,走上了社会主义革命和建设的康庄大道,开始摆脱过去贫穷落后的面貌。改革开放以来,西藏自治区的经济、文化教育等又有了新的飞速发展,人民群众过上了幸福美满的生活。

(一)分布

藏族人主要聚居在西藏自治区,青海省的玉树、果洛、黄南、海南、海北、海西,甘肃省的甘南、天祝,四川省的阿坝、甘孜、木里及云南省的迪庆等自治州、县均有藏族同胞聚居。

(二)语言

藏族人使用藏语,有三种主要方言。藏文是自左向右横写的拼音文字。

(三)宗教信仰

藏族人普遍信仰喇嘛教。

(四)饮食习惯

藏族人的传统饮食是糌粑(用炒熟的青稞或豌豆磨成的炒面)、酥油茶(牛羊奶煮熟后冷却下来凝结在上面的一层脂肪)和青稞酒。

西藏的牧民迄今仍以牛羊肉为主食,其他地区的则食用大米、面食、蔬菜和一种称之为"哲色"的食品,他们吃菜花样不多,但讲究菜肴质量。

藏族的餐具是一把小刀、一只木碗,一般也不用别人的餐具。糌粑和肉食品,他们是用手抓着吃的。

(五)习俗

藏族人对佛十分虔诚,每天起床和饭前要念佛经,他们忌讳别人触摸佛像、经书、念珠和护身符等与佛有关的物品。

藏族人忌讳别人在他们面前揾鼻子,忌讳生人走进病人或孕妇的家里。

藏族人饮酒前习惯先用无名指从杯中蘸点酒,弹向空中或地上,表示敬神,然后才饮。

藏族人基本不吃河鲜海味,也不吃狗、骡、驴之类的肉,甚至有些地区的藏族同胞不吃鸡和鸡蛋。

藏族人过望果节,这是他们预祝农业丰收的传统节日。

献哈达是藏族人特有的习俗,在迎接远方来客时,他们会双手高高举起洁白的哈达献给贵宾,宾客接受时也应高举过头表示感谢和敬意。

二、苗族

苗族是我国历史悠久的古老民族之一,四千多年前的史书上就有苗族先民的记载。分布在各地的苗族有许多自称,如"果雄""牡""带叟"等,还有些地方按其服饰、住地不同,在"苗"字前冠以不同的名称,如"长角苗""短裙苗""红苗"等。从汉代以来苗族就定居在湘西、鄂西、川东、黔东一带,由于旧社会饥荒、疾病、战争不断及荒废农田等原因,迫使他们不断迁徙,从而造成苗族人分布广泛,习俗、方言、服饰、头饰的差异很大。苗族人以种植水稻、玉米为主,也种油桐、油菜等经济作物和天麻、杜仲、田七等名贵中药材。

(一)分布

苗族主要聚居在贵州、云南、广西、四川、湖南、湖北、广东等地。

(二)语言

苗族人使用苗语,其中有三大方言,大方言中还有小方言。过去苗族没有统一的文字,1956年后才创制和改革了三种方言的文字。

(三)宗教信仰

苗族人大多信仰原始宗教。

(四)饮食习惯

苗族人的主食是大米,酸鱼、酸菜、酸汤是他们的副食。苗族人不吃羊肉。

(五)习俗

苗族人的服饰是绚丽多彩的,头饰更别具特色,银制的头饰大而精致,女子颈部挂有许多项圈,连胸前也有硕大的挂件,这既表示美丽,也表示富庶。

苗族人喜爱歌舞,他们跳舞的特点是腿脚动作频繁,节奏欢快。

苗族青年的婚礼,与众不同的是,结婚前夕,男女双方各请一名歌手到女方家去唱一天一夜的酒歌,现编现唱,直到唱完后,迎亲的队伍方可起程送新娘。

苗族中姓龙的人不吃鸡肉。若在苗家做客,吃饭时主人会将鸡心、鸭心分发给客人,客人切记要把这些食物转送给同桌的老人,与他们一同分享,否则是不礼貌的。

三、傣族

傣族历史源远流长,自远古以来他们的祖先就繁衍生息在我国的西南边陲。追溯到公元1世纪,史书上已有关于傣族先民的记载,此后各朝代都有官方的文献叙述。傣族人过去自称"傣那""傣雅"等,新中国成立后,根据傣族人民的意愿,正式定名为傣族。傣族人有千余年的老傣文文献,有古志的贝叶经,有本民族的历法——傣历,有著名的叙事长诗,有优美的音乐舞蹈等,这一切都充分体现了傣族的历史文明和灿烂文化。傣族人生活在亚热带地区,那里适宜种植甘蔗、香蕉、剑麻、咖啡、橡胶等热带经济作物,可见在那里发展农业大有前途。在西双版纳的丛林中,有许多珍贵的动植物,加之优美天然的自然环境,已成为人们向往的旅游胜地。

(一)分布

傣族人主要聚居在云南省西双版纳傣族自治州及德宏、耿马、孟连等自治县。还有少量散居在其他县市。

(二)语言

傣族人使用傣语,有两种方言。傣族有拼音文字,各地使用的文字略有不同,可分为西双版纳傣文、德宏傣文、德绷傣文和金平傣文四种。这四种傣文都源于古印度字母。

(三)宗教信仰

傣族人大多信仰小乘佛教。

(四)饮食习惯

傣族人的主食是大米或糯米饭,他们烧的竹筒饭清香可口,可称一绝。傣族人不食羊肉和蒜,烧菜不爱爆炒,多油炸,饮食口味偏酸。

(五)习俗

傣族人居住的竹楼分两层,上层是他们住处,下面一层用来饲养家畜。住在水边的傣族人更勤于梳洗,爱清洁。走进傣家是不可吹口哨或剪指甲的,这是他们忌讳的行为。

傣族人善舞,尤其是民族风情浓郁的孔雀舞生动优美,全国闻名。

四、壮族

壮族是我国少数民族中人口最多的一个民族,有着悠久的历史。远在数万年前,我国南方一带就有壮族的祖先生活居住。春秋战国时,壮族是百越的一个支,宋朝以后,史册上又称为"僮"。1958年广西僮族自治区成立,壮族人民的历史掀开了新的一页。1964年遵照周恩来总理的倡议,经国务院批准,把"僮"正式更名为"壮",更加体现了这一民族的精神风貌。过去壮族人民主要从事农业生产,如今工业和其他各业都有长足发展。壮族人民爱唱歌,壮乡被誉为"歌的海洋"。壮锦是壮族人民的传统手工艺品,驰名中外。

(一)分布

壮族主要聚居在广西壮族自治区和云南省文山,有少量散居在贵州、湖南、四川和广东。

(二)语言

壮族人使用壮语,其中有南、北两种方言。1955年,创制了以拉丁字母为基础的壮文。壮族人大多会使用汉语。

(三)宗教信仰

早年壮族人信仰原始宗教。唐宋以后,佛教、道教先后传入,曾有过影响。近代虽然基督教、天主教也传入,但信仰者不多,影响不大。

(四)饮食习惯

壮族人的饮食习惯与居住地的汉族人基本相似。

(五)习俗

居住在广西边远山区的壮族,有"入赘"的婚俗(俗称招女婿),婚后男方要改姓,与女方的兄弟称兄道弟,其子女出生后也随母姓。

壮族人擅长歌舞,舞姿雄健、诙谐、活泼。

五、彝族

彝族是我国少数民族中人口较多、分布较广、历史悠久的一个民族,早在远古时代,他们的祖先就在我国西南地区生息繁衍。古时候生活在青海、甘肃、陕西一带羌人中的某些支系南下,后与西南的土著部落长期融合,逐渐形成了彝族。据说彝族人最早的祖先名仲牟由,其所生的六个儿子成家立业后发展成"六祖"部落。彝族历史上最主要的特征是长期保持着奴隶占有制,直到新中国成立后才被废除,进行了民主改革和社会主义改造。彝族人的自称很多,因地而异,如"阿细""诺苏""撒尼""罗罗"等,后来按彝族人民的共同愿望才把"彝"作为统一的民族名称。

(一)分布

彝族主要分布在云南、贵州、四川和广西四省区。

(二)语言

彝族人使用彝语,有六个方言,不少彝族人通汉语。

(三)宗教信仰

古时候彝族人中流行多神崇拜,到清朝时道教盛行,19世纪末基督教、天主教先后传入,但信教的人很少。

(四)饮食习惯

彝族人的主食是大米,爱吃红辣椒,爱喝酒。

(五)习俗

彝族人自称"彝家",非常好客,一旦有客人光临,他们会热烈欢迎,热情款待。

彝族人过彝族年,各地的彝族过年时间不统一。过年时节日气氛热烈,举行许多文娱体育活动,人们身着盛装庆贺丰收,并祈求来年风调雨顺。

本章小结

通过本章节的学习,我们了解到我国九个主要少数民族的习俗和礼节,特别是他们的宗教信仰和饮食习惯。这些知识能帮助我们在旅游接待服务工作中对少数民族宾客提供满意的服务,这不仅体现了服务质量,而且还有利于加强民族团结。

思考与练习

1. 在地图上找出朝鲜族、蒙古族、回族、维吾尔族、藏族、苗族、傣族、壮族和彝族的主要聚居地域。

2. 列表归纳朝鲜族、蒙古族、回族、维吾尔族、藏族、苗族、傣族、壮族和彝族的人口、语言和宗教信仰,并加以比较,研究记忆的方法,同学间相互交流。

3. 按九人为一组,每人说一个教材中介绍的少数民族的饮食习惯和习俗,加深印象。

4. 到图书馆查阅有关介绍我国少数民族的书籍,增加自己的知识量。

第 8 章　国际交往接待礼仪常识

> **学习重点**
> ● 国际交往接待礼仪常识
> ● 国际交往接待礼仪工作中的有关具体事务

国际交往,是通过各种交际活动来具体体现的。这些交际活动,通常又必须遵循一定的国际惯例,如接待准备、迎送、会见、会谈、宴请、文艺晚会、参观游览、签字仪式等。同时,这些交际活动还必须讲究一定的规格和程式。从这些国际交际活动的场所和相关的服务工作上来看,高星级旅游饭店及其员工都有可能配合外事部门承担某些方面的接待任务。因此,饭店的员工有必要了解国际礼仪的基本常识,这样才能在工作中以高度的政治责任感、丰富的业务知识、娴熟的操作技能和严谨的工作作风来圆满完成每一项接待任务,为党和国家赢得美好的声誉。

第一节　接待准备

外宾来访分官方和民间两种,接待准备工作主要是由外事部门负责主持、联系和安排。民间性质的来访有时由对口的业务部门在外事部门的具体指导帮助下直接负责。接待准备方面的工作大致包括以下几个方面内容。

一、索取资料,了解情况

为了做好接待工作,事先需了解对方的有关情况,如来访目的与要求;前来的路线与乘坐的交通工具;抵达、离开的具体时间与地点;全体来宾的姓名、身份、性别、年龄、生活习惯、宗教信仰、饮食爱好与禁忌等。这些都是安排接待服务规格和确定各项礼仪活动的重要依据。新中国成立以来大量外事接待活动的经验充分说明:国宾馆或高星级旅游饭店,只有通过各种渠道了解到来宾有关食、住、行等方面的习惯与要求,才能把来宾访问逗留期间的各项服务工作做到尽善尽美,才能达到外事部门接待计划的要求,使来宾满意。

二、制订接待方案

接待方案是指接待规格和主要活动安排的日程。接待规格的高低通常根据来访者的身份、愿望、两国关系等来决定,并由此决定安排礼仪活动的多少、规模的大小、隆重程度以及由哪些领导人出面等。为了确保接待方案的圆满实施,主管部门对每一项礼宾活动都要制订周密的计划,精心安排:定目的、定要求、定内容、定时间、定地点、定单位和定人员。其中的每一项分工和责任都必须十分明确。除外事部门制订周密的计划外,承担宴请和其他方面任务的国宾馆或高星级旅游涉外饭店也要相应制订出本单位完成某项任务万无一失的具体方案,在经外事主管部门的认可后方可实施。

三、做好其他接待准备

进行每一项礼宾活动之前都必须检查落实迎送车辆和下榻宾馆的住房分配、会见和会谈场所的布置、座席安排、参观游览项目的选定和安全保卫工作的准备等。

根据外事工作的特点和要求,接待准备工作中以下几点是重要环节:

1. 对参加接待服务的人员要进行严格的考察和按不同的工作岗位进行必要的培训和操练。如:强化业务知识、服务规范与技巧;介绍来宾所在国简况;来宾的宗教信仰、饮食习惯与禁忌;安全保密教育,等等。

2. 根据已确定的礼宾规格,备齐接待物品;按严肃、庄重、宽敞、整洁等方面的要求布置会见、会谈场所。

3. 对会见、会谈和宴请要定地点、定时间、定人员、定座次、定程序,以及定宴请的菜单。宴会上使用的食品、饮料要专人把关,严格化验,确保安全、卫生。

4. 落实安全保卫工作,制订周密的警卫方案。要掌握好参加接待服务人员思想行为的动态,严格按照有关规定控制通信设备和出入人员。对使用的车辆,途经的道路和会见、会谈、宴请场所要反复全面仔细地检查,不得发生任何疏忽或差错。

5. 安排布置好来宾的下榻处和迎送车辆。外国国家元首或政府首脑是在国宾馆下榻,整个代表团的住房分配可先由东道主根据来访者的身份、地位作一安排,征求对方意见后实施。有时也可把下榻处的建筑平面图交对方,由其自行安排。车辆的安排是根据来宾身份、地位和随行人员多少来确定的。对于外国国家元首、政府首脑,通常要安排摩托车队开道车护行,并在所乘坐的车辆右前方插上该国国旗。随行人员的座次要按礼宾顺序来安排。对于大型代表团的随行人员也可安排乘坐大轿车。对一些重要的其他外国代表团,也可派开道车,以示重视和规格。

接待准备工作除了要有物质准备外,还要重视对所有参加接待服务的人员做好思想教育工作。只有明确任务,严守纪律,全力以赴,认真负责,密切配合,才能脚踏实地完成每一个环节上的任务。

第二节 迎送宾客

迎送宾客是国际交往中的一种社交礼节。我们对外国来访者,通常是依据其身份、地位和访问性质以及两国关系等因素,确定相应的迎送活动和礼仪规格。

对于外国国家元首、政府首脑的正式访问,习惯上都要举行隆重的迎送仪式。对军方领导人的访问,也举行一定的迎送仪式,如安排检阅仪仗队等。对于应邀前来访问的官方或民间的团体或人士,在他们抵离时,则应安排有关部门身份相应的人员前往机场、车站或码头迎送。

一、确定迎送规格

确定对来宾的迎送规格,主要依据来访者的身份和访问目的,适当考虑两国关系,同时要注意国际惯例,综合平衡。出面的迎送人一般都要与来宾的身份相当,但有时当事人不在当地或临时身体不适,在这种情况下,可以灵活变通,由职位相当的人士,或由副职出面代表。要注意,如当事人不能亲自出面,就应从礼貌出发,向对方作些解释。一般情况下迎送人员不宜过多。有时也从发展两党、两国、两军关系或当前政治需要出发,破格安排较大的迎送场面。然而,为了避免造成厚此薄彼的印象,除非特殊情况需要,通常均按惯例确定。

二、掌握抵达和离开的时间

负责接待的有关人员必须及时、准确了解来宾乘坐的飞机、火车或轮船抵达、离开的时间,以便及早通知有关单位、部门和全体迎送人员。如有变化,应及时通报。由于天气变化等意外原因,飞机、火车、轮船都有可能不准时。有时机场离市区较远,为了既顺利地接送来宾,又不过多耽误迎送人员的时间,应尽量准确掌握来宾抵达、离开的时间。

迎接人员须在来宾乘坐的飞机、火车、轮船抵达之前到达机场、车站、码头迎候。欢送时则须在宾客登机、上车、上船前到达指定的地点等候。如有欢送仪式,则应在仪式开始之前到达,并做好一切准备工作。如果宾客是乘坐班机离开,应事前通知其按航空公司规定时间抵达机场办理有关手续。对于身份高的外宾,可由接待人员提前前往代办手续。

三、献花与介绍

为了对宾客表示热烈的欢迎,常由儿童或女青年在参加迎送的主要领导人与宾客握手之后献上色彩鲜艳的鲜花花束,但是要注意不能选用菊花、石竹、杜鹃或黄色的花朵。宾主见面握手之后要作互相介绍,一般是由礼宾交际人员将前来迎送的人员介绍给来宾,也可由欢迎人员中身份最高者作介绍。来宾初到,一般较拘谨,主人宜主动与来宾寒暄。

四、陪车

来客抵达后,从机场(车站、码头)到下榻处,以及访问结束从下榻处到机场(车站、码头),有时安排主人陪同乘车,有时不陪同乘车。如果主人陪同乘坐,应请来宾坐在主人的右侧。如果乘坐的是两排座位的轿车,译员应坐在司机旁边;如果是三排座位,译员应坐在主人前面的加座上。上车时要请来宾从右侧门先上,主人走到左侧门上车,车门应由接待工作人员关上。

五、对一般来宾的迎接

迎接一般来宾,往往不举行大型、隆重的仪式。如遇熟人,则不必介绍,仅上前握手,互致问候;如果来宾是首次来访,又不相识,接待人员应该主动上前作自我介绍;如果迎接旅游团体,也可事先准备一块上面写有该团体名称的牌子,以便来宾看到前来接洽。

六、迎送工作中的几项具体事务

迎送工作中以下几项具体事务是接待服务人员应该多加关心的:

1. 迎送身份高的来宾,应事先在机场(车站、码头)安排贵宾休息室,并准备好饮料。
2. 安排汽车,预订住房。如果条件许可,最好在来宾抵达前将住房和乘车号码通知来宾;如果做不到,可印好房卡、乘车表,在来宾到达时,及时分发到每个人手中,或通过对方的联络人员转交。
3. 指派专人协助办理入、出境手续及机票(车、船票)和行李提取或托运手续等事宜。重要代表团,人数多,行李物品也多,这时应请对方派人配合,首先安排把主要来宾的行李先取出,及时送往住地,以便主宾更衣等,不致影响随后的活动。
4. 来宾抵达下榻处后,一般不宜马上安排活动,应让他们稍作休息,消除旅途疲劳,并保证留有足够的时间让来宾们更衣。此时服务人员不得擅自入内打扰并保持室外安静。

第三节 会见会谈及场所布置

一、会见

在国际上,会见通常称为接见或拜会。凡身份高的人士会见身份低的,或是主人会见客人,这种会见可称之为接见或召见。凡身份低的人士去会见身份高的,或是客人会见主人,这种会见就称之为拜会或拜见。拜见君主,又称谒见、觐见。我国国内不作上述区分,一律统称会见。接见和拜会后的回访,称回拜。

从内容上区别,会见可分为礼节性的、政治性的和事务性的,或兼而有之。礼节性的会见时间较短,话题较为广泛;政治性会见一般涉及双边关系、国际局势等重大问题;事务性会见则有一般外交交涉、业务商谈等。

二、会谈

会谈是指双方或多方就某些重大的政治、军事、经济、文化问题以及其他共同关心的问题交换意见。会谈也可以是指洽谈公务,或就具体业务进行谈判。一般来说,会谈的内容较为正式,政治性或专业性较强。

东道国对来访者(包括外国常驻外交使节的到任和离任),从礼节和两国关系上考虑,一般均根据其身份及来访目的,安排相应领导人和部门负责人会见;来访者及外交使节亦可根据国家间关系和本人身份以及业务性质,主动提出拜会东道国某些领导人和部门负责人。一般来说,礼节性拜会是身份低者拜见身份高者,来访者拜见东道主。如是正式访问或专业访问,则应考虑安排相应的会谈。外交使节到任后或离任前,还要对与本国有外交关系的国家驻当地使节作礼节性拜会;对到任或离任的礼节性拜会,按惯例应作回拜,但身份高者对身份低者可作回拜,也可不作回拜。

三、会见座位的安排

会见通常安排在会客室、会客厅或办公室。有时宾、主分坐两边,有时穿插坐在一起。各国的会见礼仪程序不尽相同。我国习惯在会客厅会见,来宾坐在主人的右边一侧,主宾席紧靠主人席,译员、记录员安排坐在主人和主宾的后面。主方陪见人在主人左边一侧按身份高低依次就座。如座位不够,可在后排加座(见图1)。

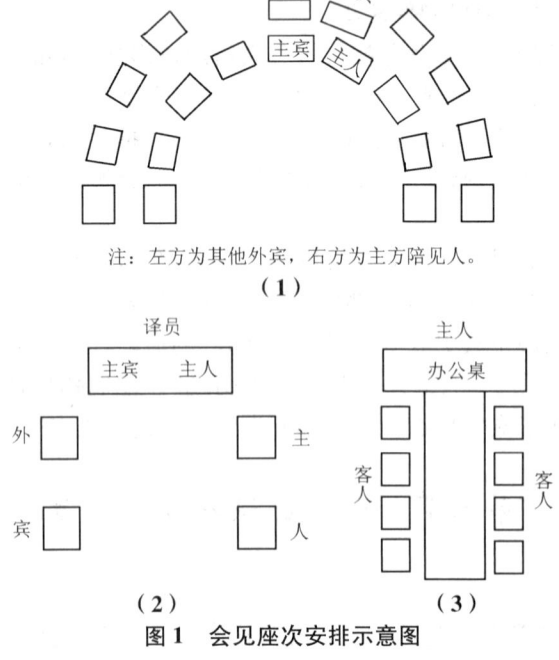

图1 会见座次安排示意图

四、会谈座位的安排(见图2)

双边会谈通常用长方形、椭圆形或圆形桌子,宾主相对而坐,以正门为准,主人占背门一侧,来宾面向正门,双方主谈人居中。我国习惯把译员安排在主谈人右侧,但也有些国家让译员坐在后面,一般应尊重主人的安排。其他人按礼宾顺序左右排列。记录员通常安排在后面,如参加会谈的人数少,也可安排在前面就座。

如会谈长桌一端朝向正门,则以入门方向为准,右边为客方,左边为主方。

多边会谈,座位可摆成圆形、方形等。

小范围的会谈,也可不用长桌,只摆沙发,双方座位按有桌会谈座位安排。

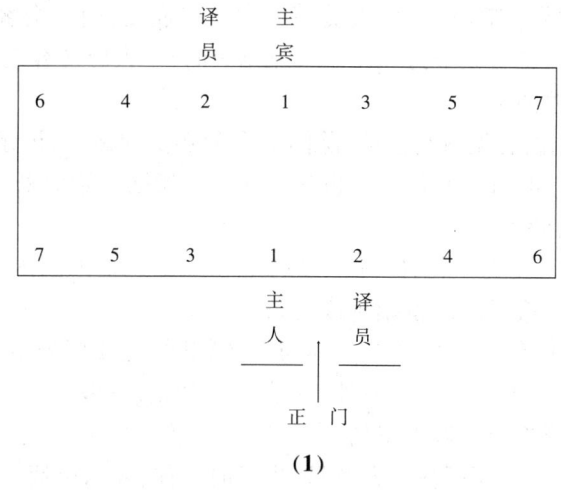

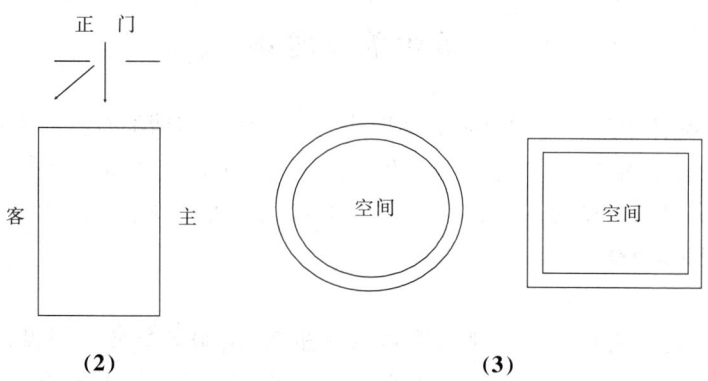

图2 会谈座次安排示意图

五、会见会谈中的几项具体工作

1. 提出会见要求,应将要求会见人的姓名、职务以及要求会见什么人以及会见的目的告诉对方。接见一方应尽早给予明确答复,约定时间;如因故不能接见,应婉言解释。

2. 作为接见一方的安排者,应主动将会见(会谈)的时间、地点、主方出席人、其他具体安排及有关注意事项通知对方。作为前往会见一方的安排者,则应主动向对方了解上述情况,并通知有关的出席人员。

3. 准确掌握会见、会谈的时间、地点和双方参加人员的名单,及早通知有关人员和有关单位作好必要安排,主人应提前到达。

4. 会见、会谈场所应安排好足够的座位。如双方人数较多,厅室面积大,主谈人说话声音低,则需安装扩音器。会谈如用长桌,需事先排好座位图,现场放置中外文座位卡,卡片上的字应工整、清晰。

5. 如需合影,事先要排好合影人员位置图,人数多时还应准备阶梯架。合影时主人和主宾居中,按礼宾次序,主、客双方间隔排列。第一排人员既要考虑人员身份,也要考虑场地大小,即能否都摄入镜头。一般来说,两端均由主方人员把边。

6. 客人到达时,主人在门口迎候。可以在大楼正门迎候,也可在会客厅门口迎候。如果主人不到大楼门口迎候,则应由工作人员在大楼门口迎接,引入会客厅。如需合影,宜安排在宾主见面握手之后,合影完毕再入座。会见结束时,主人应送客至车前或门口并握手告别,目送客人离去后再返回室内。

7. 重要领导人之间的会见或是会谈,除陪见人和必要的译员、记录员外,其他工作人员安排就绪后均应退出。如允许记者来访,也只是在正式谈话开始前采访几分钟,然后全部离开。会见、会谈过程中,旁人不得随意进去。

8. 会见、会谈时招待用的饮料,国际上没有统一规定。我国国内一般只备茶水和软性饮料。如会谈时间过长,应考虑准备咖啡或红茶。

一般官员、民间人士的会见,安排上大体与上述相同,也要事先申明来意,约妥时间、地点,通知来人身份和人数,准时赴约。另外,礼节性的会见,一般不宜逗留过久,半小时左右即可告辞,除非主人特意挽留。客人来访,一般应予回访。如果客人为祝贺生日、节日等喜庆日来访,则不必专门回访,而可在对方节日、生日时前往,表示祝贺。

第四节 宴请

宴请是国际交往中最常见的交际活动形式之一。各国宴请都有自己国家或民族的特点和习惯。国际上通用的宴请形式有宴会、招待会、茶会、工作进餐等。举办宴请活动采用何种形式,主要根据宴请活动的目的、邀请的对象和经费等各种因素来决定。

一、宴请的几种基本形式

(一)宴会

宴会是正餐,出席者按主人安排的席位入座进餐,由服务员按专门设计的菜单依次上菜。宴会分国宴、正式宴会、便宴、家宴几种。从时间上区别又有晚宴、午宴、早宴之分。一般来说,多数正式的宴会安排在晚上举行,其招待规格和气氛要比白天举行更为隆重。

1. 国宴。这是国家元首或政府首脑为国家的庆典,或为欢迎来访的外国国家元首、政府首脑而举行的一种正式宴会,其规格是宴会中最高的。举行国宴的宴会厅内要悬挂宾、主两国国旗,乐队要演奏两国国歌和席间乐,宴会过程中有致辞、祝酒。

2. 正式宴会。安排上与国宴大致相同,但不用悬挂国旗和奏国歌,宴席的规格也不同。宾、主均按餐桌上写有姓名的席卡入座。正式宴会也有一定的排场,出席者须讲究仪表、仪容和仪态。宴会场地的布置、使用的餐具、食品饮料的选用、菜肴的设计和服务人员的服饰均有一定的规格和要求。具体安排上,中西宴会有所不同,各具特色。在这方面我国已作了改革,隆重热烈,但不铺张浪费,注重实效。

3. 便宴。又称非正式宴会,这种宴会形式简便,可不安排正式讲话,比起正式宴会,菜肴道数可酌减,气氛也较随便、亲切。除晚上,中午和早上也可举行。

4. 家宴。这是指主人在自己家中招待客人。家宴往往由主妇亲自下厨掌勺,烹调自家的拿手菜,同家人一起共同款待客人。

(二)招待会

招待会是指一些不备正餐,但备有食品饮料的宴请形式,往往不排固定的席位,宾、主活动不拘泥形式。

1. 冷餐会。这种宴会形式的特点是不排席位,菜肴以冷食为主,餐桌上同时陈设各种餐具,供宾、主自取。宾主可多次取食,可边谈边用。冷餐会上供应的酒水一般单独集中一处,宾、主既可自己上前选用,也可由服务员托盘送上。冷餐会举行的地点可在室内,也可在室外花园里;可不设座椅,站立用餐,也可设少量小桌、椅子让需要者入座。举办时间通常在中午12时至2时,下午5时至7时左右。这种宴请形式最适宜招待人数众多的宾客。

2. 酒会。又称鸡尾酒会。这种招待会形式较活泼,便于出席者广泛随意交谈。酒会主要有酒水,略备小吃。一般不设座椅,仅置小桌供宾、主安放酒杯、盘碟。酒会举行的时间比较灵活,中午、下午、晚上均可,客人到达和退席时间不受限制。

(三)茶会

茶会是一种简便的招待形式。举行的时间一般在下午4时左右,地点设在客厅。厅内需设置座椅和茶几。如是为某贵宾举行的茶会,应有意识地安排主宾同主人坐在一起,其他出席者随意就座。茶会顾名思义是请客人品茶。因此有必要讲究用好的茶叶和茶具。茶叶种类很多,用哪一种茶主要根据客人的习惯来决定,茶具用陶瓷盖杯为宜。

(四)工作进餐

工作进餐可分为工作早餐、工作午餐、工作晚餐三种,这是现代国际交往中经常采用的一种非正式宴请形式。它便于边吃边谈,省时简便。这种形式的宴请纯属工作性质,出席者的配偶一般都不参加。如果是代表团,双边工作进餐需用长桌,并按会谈席位顺序入座,以便交谈。

二、宴请的准备工作和任务

(一)确定宴请的目的、名义、对象、范围与形式

宴请的目的是各不相同的,既可以为某一贵宾、某一事件、某一节日,也可以为某一展览会的开幕或闭幕、某一工程的开工或竣工。在国际交往中,还常根据需要举行一些日常的宴请。

确定以谁的名义邀请和邀请对象的主要依据是主、宾双方的身份应该对等。身份低会使对方感到冷淡、不礼貌,身份过高亦无必要。如请主宾偕夫人出席则要以夫妇名义发出邀请。我国大型正式活动通常以一人名义发出邀请,日常交往的小型宴请可根据具体情况以个人名义或以夫妇名义出面邀请。

邀请范围是指请哪些方面人士,请哪一级别,请多少人,主人一方请多少人作陪等。这都需要事先从宴请的性质、主宾的身份、国际惯例、双方关系以及当前的政治气候等方面加以考虑。

邀请范围确定后,就可开始拟定邀请名单。名单上要写明被邀请人的姓名、性别、职务、称呼,必要时还需注明是否有配偶。多边活动中特别要慎重考虑政治上相互对立的国家是

否同时邀请。

宴请采取何种形式，主要取决于惯例。通常的做法是：正式的、高级别的、小范围的以举行宴会为宜，人数多时适当采用冷餐会或酒会，妇女界活动多用茶会形式。

（二）确定宴请的时间、地点

宴请的时间安排应考虑定在主、宾双方都认为方便适宜的时候。须主动回避定在对方的重大节假日、已有重要活动的时间或禁忌日。根据民族的宗教信仰，宴请时间国际上一般都不安排在 13 日，特别是不安排在 13 日又逢星期五。伊斯兰教规定斋月内教徒白天禁食，这时宴请只能在日落后举行。

宴请地点的选择是根据邀请的对象、活动的性质、规模大小及形式等因素来决定。官方正式隆重的场面往往安排在政府、议会大厦（如我国的人民大会堂）或宾馆大厅内举行。小型宴会多数安排在当地有名饭店的宴会厅。

（三）发出邀请和请柬格式

一般情况下，各种宴请都应发出请柬邀请宾客出席，这既出于礼节礼貌上的需要，也可起提醒、备忘的作用。便宴如通过口头或电话约定，则不一定再发请柬。

请柬一般是在宴请前一两周内发出，以便对方及早作安排。已经口头约妥的活动，仍应补送请柬，并在请柬的右上方或下方注上"To remind"（备忘）的字样。如需了解对方能否决定出席，则应在请柬上注上 R.S.V.P.（请答复）的字样。

请柬的内容应包括活动的目的、形式、时间、地点、主办单位或主办人姓名等。请柬行义一般不用标点符号，文中的单位名、节日名、人名等都须用全称。中、外文本的请柬格式与行文形式有所不同，应加以区别，按不同语言的习惯正确使用。

请柬的信封上要工整地写上被邀请人的姓名、职务。国际上习惯对夫妇两人发一张请柬，我国国内习惯每人一张。凡事前安排座次的宴请，须在请柬信封下角注上席次号（Table No.），方便来宾顺利就座。

（四）制定菜单

宴请中使用的食品饮料是在主办人规定的预算标准内安排的。选用的菜肴与酒水主要是以主宾的喜厌而定，要注意尊重对方的民族饮食习惯和宗教信仰。例如，宴请印度教徒牛肉不能上桌；佛教徒只食素；伊斯兰教徒不饮酒，用清真席。个别客人因身体原因不能吃某种食品时，还需特别照顾。由此可见，宴请的菜单是很有讲究的，这不仅需从规格标准上考虑，而且更需适合客人的习惯和爱好。原则上，不同级别的宴请菜单，是由不同级别的主管部门负责亲自审定的。正式宴会的菜单通常印刷精美大方，每桌上放两份为宜，规格高时也可每人一份，供客人留作纪念。

（五）席位安排

正式宴会均需事先排好席位。桌数多时还要排桌次，每桌上放上桌次号牌，这样既方便宾、主，也有利管理。宾、主到场时，站在宴会厅门口的领台服务员应热情上前引导入座。

礼宾次序是排席位的主要依据。这方面既有外国习惯，也有我国习惯。按外国习惯，主桌上男女掺插安排，以女主人为准，主宾在女主人右上方，主宾夫人在男主人右上方。而我国习惯按各人本身职务排列以便交谈，如夫人出席，通常把女方排在一起，即主宾坐在男主人右上方，其夫人在女主人右上方。两桌以上的宴会，其他各桌第一主人的位置一般与主桌上的位置相同。

在具体安排席位时,还需考虑其他一些因素,如客人之间的政治关系、身份高低、语言是否相通等。以上仅是安排座席的部分常规,如遇特殊情况,还需灵活处理。

正式宴会上使用的席位卡应用钢笔或毛笔以工整的字体书写,在我国应中文在上,外文在下。字体宜大些,以便辨认。便宴、家宴虽不放席位卡,但对客人的座位也应事先有所安排。

(六)宴请场地布置的基本要求

各种宴请场地的布置方法和要求主要取决于活动的性质、规模和形式。

宴请场所布置的情况要与活动的目的相称。宽敞整洁、空气流通、庄重大方、设备齐全、鲜花点缀、布局合理,是最基本的几点要求。

中餐宴会通常使用圆桌,西餐宴会多用长方桌。不论使用哪一种餐桌,都应根据场地的特点和出席人数的多少来设计、安排餐桌的布局。桌子间的距离要适当,过小显得拥挤,不便行走;过大显得稀疏,冲淡气氛。

常见的宴会餐桌布置形式如图 3~图 12 所示。

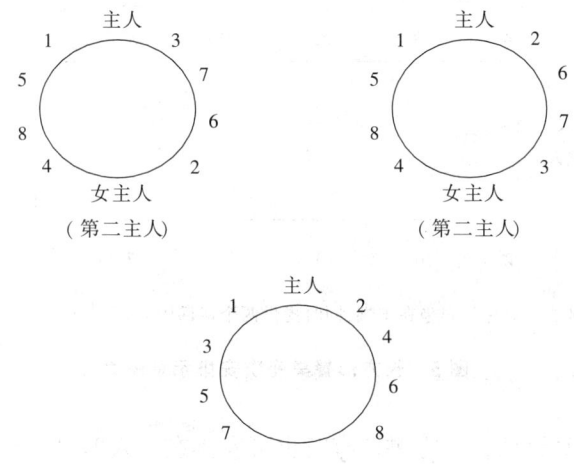

注:座次顺序号通常是用席卡上的姓名表示的。

图 3　三桌中式宴会餐桌摆放形式和座次安排示意图

(七)宴请的程序

通常情况下,宴请的程序是:

1. 主人在宴会厅门口迎候贵宾。官方宴请时,除主人外,还有其他有关官员在旁排列成行迎宾。客人陆续到达,均由有关接待人员引进休息厅(室),如无休息厅则直接进入宴会厅,但暂不入座。

2. 休息厅内安排有相应身份的人员照料客人,服务员送上饮料。

3. 主宾到达后,由主人陪同进入休息厅与其他客人见面,如还有客人尚未到,由其他官员代表主人在门口继续迎候。

4. 当主人陪同主宾进入宴会厅时,全体客人就座,宴会即可开始。如休息厅小,宴会规模大,也可请主桌以外的客人先入座,主桌上的贵宾最后入席。

5. 如果主人和主宾要发表讲话,应由主持人先介绍。一般安排在热菜之后甜食之前,

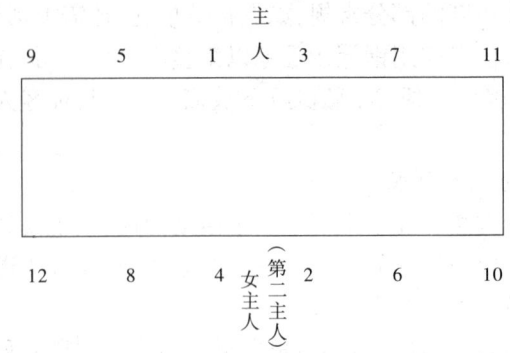

注：此种排法谈话集中，但一般不能把外宾排在末端，而由陪同人员坐在末端。

图4　长方形餐桌座次安排示意图之一

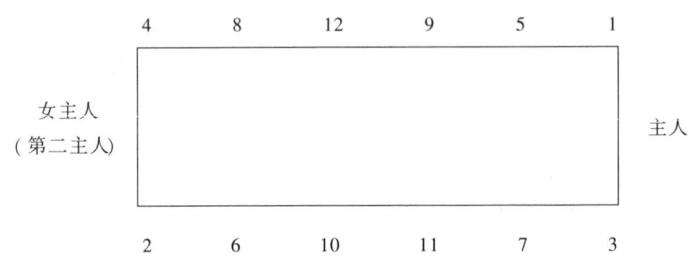

注：这种排法可避免外宾坐在末端，同时提供两个谈话中心。

图5　长方形餐桌座次安排示意图之二

首先主人致辞，然后主宾讲话。双方讲话有时也可安排在一入席时进行。

6. 菜单上的最后一道菜用毕后，主持人宣告宴会结束，主人与主宾起立，其他客人待主人和主宾离开后方可离开。

7. 主宾告辞，主人送客至门口，主宾离去后，原迎宾人员仍按顺序排列，与其他客人握别。

家庭便宴气氛则较随便。客人一到，主人主动上前握手问候。餐后告别，通常是男宾与男主人告别，女宾与女主人告别，然后交叉，再与家庭其他成员握别。

(八)宴请接待服务工作的基本环节

参加各种宴请接待服务工作的服务人员，必须受过严格、正规的专业训练。他们不仅应具备熟练的操作技术，讲究礼貌礼节，注意仪表仪容，而且应该熟悉掌握以下4个宴请接待服务工作的基本环节。

1. 宴会开始前的准备工作：接到任务后，应了解清楚宴会的规格、标准、餐别、人数、来宾国籍以及与民族、宗教信仰有关的生活特点。研究做好服务、接待工作的具体办法和注意事项。

布置场地时，应对设备用具做一次仔细的检查，看台、椅是否齐全牢固，灯具是否完好，

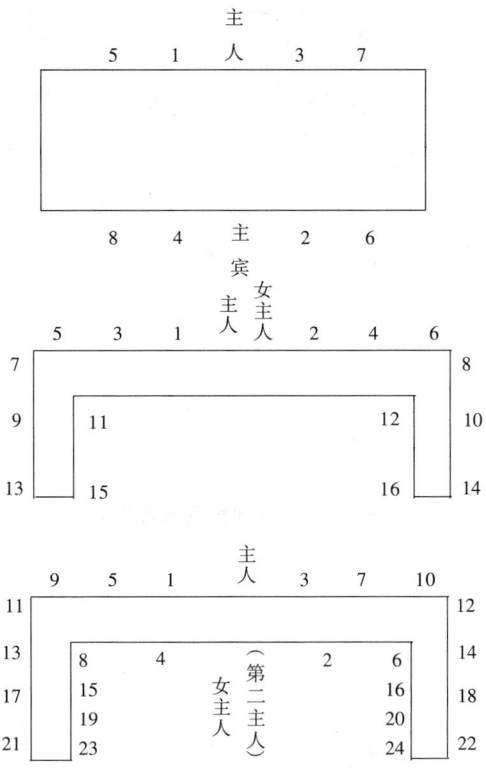

图 6 三种长餐桌座次安排示意图

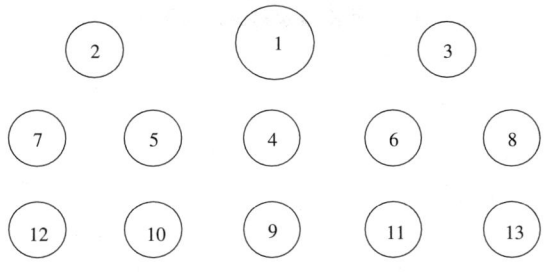

图 7 圆桌桌次排列示意图之一

门窗关启是否灵活,窗帘有无破损;如发现问题,应及时报修调换。然后摆上花草以美化环境,并根据场地的大小、特点、餐别和人数,调整好台、椅的布局。与此同时,还要把会客室、休息厅、衣帽间整理好。

熟悉菜单和主要菜点的风味特色,做好上菜、分菜和可能要回答来宾询问菜点特色的准备工作。

将宴会中所需用的餐具、酒水、调味品备齐备足。

做好清洁餐具的工作和搞好个人卫生。

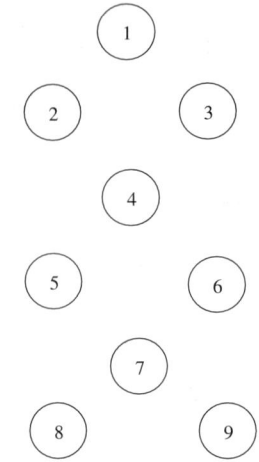

图 8　圆桌桌次排列示意图之二

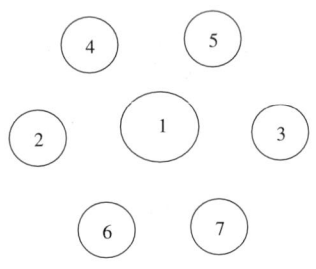

图 9　圆桌桌次排列示意图之三

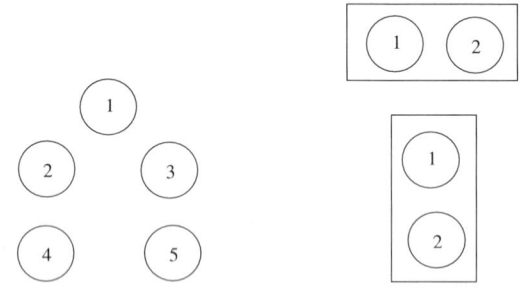

图 10　圆桌桌次排列　　图 11　两桌的排列示意图
　　示意图之四

　　根据餐别,按规格摆好餐具和餐桌上的其他用品。在宾、主入席前5分钟至10分钟,端上冷盘,斟好酒。

　　2. 宾、主抵达前的迎接工作:接待服务人员应在宾、主到达前,根据各自的分工,在指定的工作岗位上热情迎接宾客。对待宾客要和气谦逊,面带笑容,话语亲切,用词得当。帮助来宾脱去衣帽后,将其引入休息室、会客室或直接陪同其进入宴会厅。

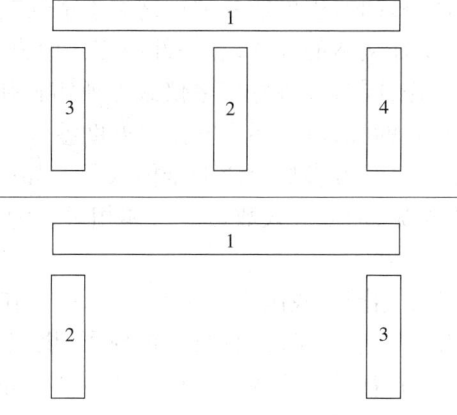

图 12　长餐桌座次安排示意图

负责保管来宾衣帽的服务员,要集中思想,防止出现差错。接挂衣服时应拿衣领,切勿倒提,以防袋内的物品倒出。

宾客进入会客室后,应根据宾客的不同习惯,热情地送茶、递毛巾。

当宾客入厅走近座位时,服务员应面带笑容,拉开座椅,引请宾客入座,同时慢慢地将座椅推回原位,使宾客坐稳、坐好。引宾入座,要按先女宾后男宾、先主宾后一般的顺序进行。

3. 宾、主入座后的服务工作:为宾客倒饮料时,应边示意让宾客选择,边依次地倒。开席时,即将主宾、主人的餐巾从水杯中或盘上取出,递给他们围上。席间,要严格按照中、西餐操作程序和方法进行上菜、分菜、分汤、斟酒,特别要照顾好主宾和主人。

4. 宴会结束后的整理工作:宾客餐毕起身,应为其拉开椅子,以方便其行走。视情况目送或陪送到宴会厅门口。如来宾餐后要在会客室休息,要根据实际需要及时端送茶水或餐后酒。

来宾离别时,衣帽间服务员应及时、准确地将衣帽取出递给来宾,并热情地帮助穿戴。

收台时要注意检查有无宾客遗留的物品,如有发现,应及时送还宾客。

此外,在整个宴会过程中,接待服务人员要自觉做到:不吃东西,不抽烟,不饮酒,工作前不吃葱、蒜等。在一旁侍立时,姿势要端正,工作中不要聊天、谈笑。多人侍立时要排成一行。正式宴请,主人或客人发表讲话时,要保持肃静,停止上菜、斟酒,不得发出任何声响。奏国歌时应肃立,停止走动。

在宴会厅内走动,脚步要轻快、稳重,步伐要敏捷。

见有人不慎打翻酒水,不要惊慌,要马上处理,重新换上所需的餐具、物品。

第五节　两种常见的仪式

一、签字仪式

国家间通过谈判,就政治、经济、科技、文化等某一领域内的相互关系达成协议,缔结条约、协定或公约时,一般都要举行签字仪式。根据协议的内容和性质,有时由国家领导人出面签约,有时由政府有关部门的负责人出面签约,但双方签字人的身份通常是对等的。一国领导人出访他国,经过双方商定发表联合公报或声明,有时也要举行签字仪式。各国业务部门之间通过会谈达成专业性协议时,也可能要举行这类签字仪式。

安排签字仪式,首先应做好文本的准备,有关部门需按时做好文本的定稿、翻译、校对、印刷、装订、盖火漆印等项工作,同时准备好签字仪式上所需使用的文具、国旗等物品,并安排好场地、时间,与对方商定好助签人员,还要安排双方助签人员洽谈有关细节。

出席签字仪式的,基本上是双方参加会谈的全体人员。如一方要求让某些未参加会谈的人员出席,应征求另一方意见,但双方人数最好大体相等。为了表示对签订协议的重视,有时更高一级的领导人也会出席。

各国安排的签字仪式不尽相同。我国举行签字仪式,一般在签字厅内设置一张长方桌,作为签字桌,桌面上覆盖着深绿色台呢,桌后放两把椅子,供双方签字人就座,主人席在左边,客人席在右边。桌子上安放着供今后各自保存的文本,文本的上方分别放置签字用的文具,签字桌中间摆有一旗架,上面悬挂着双方的国旗(见图13)。

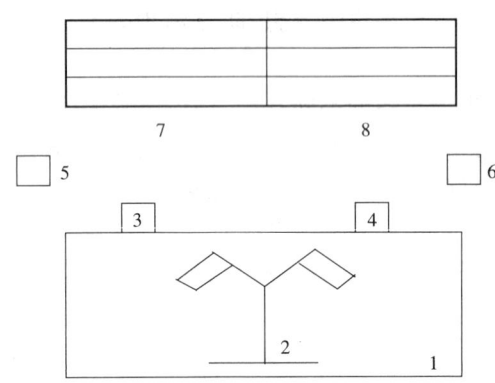

图 13　签字仪式场地布置和座席位置示意图之一

1. 签字桌　　　　5. 客方助签人
2. 双方国旗　　　6. 东道国助签人
3. 客方签字人　　7. 客方参加签字仪式人员
4. 东道国签字人　8. 东道国参加签字仪式人员

双方出席签字仪式的人员步入签字厅后,签字人入座,其他人员分宾、主各一方按身份高低顺序排列于各签字人座位后,双方身份最高者站立中央。双方的助签人分别站在各自签字人的外侧,协助翻揭文本,指明签字处。

在本国保存的文本上签毕后,由助签人员互相传递文本,再在对方保存的文本上签字,然后由双方签字人交换文本,相互握手致意。此时服务人员用托盘端上香槟酒,供宾、主双方全体出席签字仪式的人员举杯庆贺。

在有些国家,签字仪式上设置两张签字桌,签字双方各坐一桌,双方的小国旗分别悬挂在各自签字桌的旗架上,参加签字仪式的人员坐在签字桌的对面(见图14)。也有些国家虽安排一张长方桌为签字桌,但双方参加仪式的人员坐在签字桌前的两旁,双方国旗悬挂在签字桌的后面(见图15)。

如有三四个国家缔结条约,其签字仪式与上述相仿,只是需相应增添签字人员的座位、国旗、文具等用品。如签订多边公约,通常只设一个座位,由公约保存国代表先带头签字,然

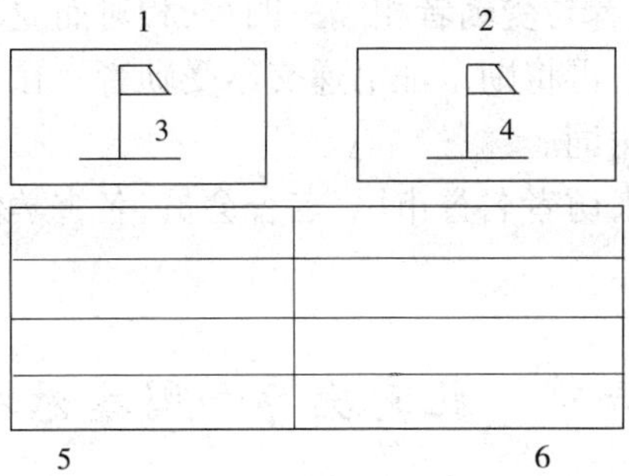

图 14　签字仪式场地布置和座席位置示意图之二

1. 客方签字人席位
2. 东道国签字人席位
3. 客方国旗
4. 东道国国旗
5. 客方参加签字仪式人员席位
6. 东道国参加签字仪式人员席位

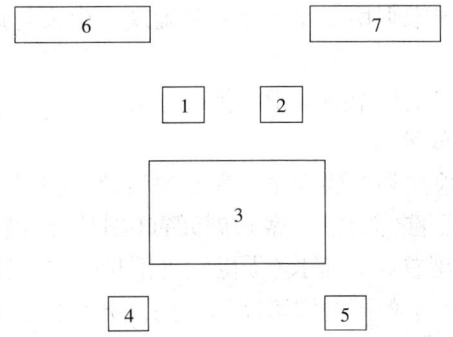

图 15　签字仪式场地布置和座席位置示意图之三

1. 客方签字人席位　　　　　5. 东道国参加签字仪式人员席位
2. 东道国签字人席位　　　　6. 客方国旗
3. 签字桌　　　　　　　　　7. 东道国国旗
4. 客方参加签字仪式人员席位

后由各国代表按一定的次序轮流在公约文本上签字。

二、授勋仪式

许多国家常对外国领导人、外国驻本国外交使节或其他知名人士授予勋章,以表彰其为发展两国关系所做的卓越贡献。

授勋既可以在会见、宴会或大型会议上举行,也可以专门举行仪式。

各国在国内通常是由国家元首或政府首脑出面授勋,在国外,一般是通过驻该国使节出面代表国家元首或政府首脑举行授勋仪式。如国家元首或政府首脑去该国访问,便借此机会在访问国举行。不少国家也借外国领导人访问本国之机,向来访者授勋。

授勋的方式往往是授勋者与受勋者相隔三四步,相对而立。授勋者先宣读授勋决定,接着将勋章佩戴在受勋者胸前,再将勋章证书递交给受勋者。在专门举行的授勋仪式上,授勋者致辞后,受勋者还要致答谢词。

此外,国际上还有授予来访者名誉市民、名誉会员、名誉学位称号或城市金钥匙的做法,其形式与授勋仪式大致相仿。

第六节 礼宾次序和国旗悬挂法

一、礼宾次序

礼宾次序是指国际交往中对出席活动的国家、团体、各国人士的位次按某些规则和惯例进行排列的顺序。一般来说,礼宾次序体现了东道国对各国宾客所给予的礼遇;在一些国际性的集会上则表示各国主权平等的地位。礼宾次序安排上若有不当或不符合国际惯例之处,就会引起不必要的争执,甚至发展到影响国与国之间的关系。因此,在国际交往中,应对礼宾次序予以必要的重视。

礼宾次序的排列,虽然国际上已有一定的惯例,但各国做法不尽相同。有的排列顺序和做法已由国际法和国内法所肯定。如外交代表位次的排列,在《维也纳外交关系公约》中就专门作了具体规定。有的国家则用法律文件来明确规定中央与地方官方机构、团体和个人参加公共活动的排列顺序。

以下介绍3种涉外礼宾工作中通常用的排列方法。

(一)按身份与职务高低排列

这是次序排列的主要根据和主要方法。官方的活动,通常是按身份与职务的高低来安排礼宾次序的。如按国家元首(总统、主席)、副元首(副总统、副主席)、政府首脑(总理、首相)、政府副首脑(副总理、副首相)、部长(大臣)、副部长等顺序排列。各国提供的正式名单或正式通知常注明职务。由于各国的国家体制不同,部门之间的职务高低也不尽一致。这样就需根据各国的规定,按相当的级别或官衔来作安排。但无论按何种方法排列,都要考虑身份和职务高低的问题。

(二)按字母顺序排列

在多边活动中,礼宾次序常采用按参加国国名字母顺序排列的方法。这种排列法以英文字母顺序排列最为常见。如国际会议、国际比赛中,公布与会者名单、悬挂与会国国旗、座位安排等均按各国国名的英文拼写字母的顺序排列。但为了避免一些国家总是占据前排席位,因此用每年抽签一次的办法来决定本年度大会的席位以哪一个字母起首,以便让各国都有机会排列在前。

(三)按通知代表团组成日期先后排列

在一些国家举行的多边活动中,按通知代表团组成的日期先后排列礼宾次序也是国际上采用的一种方法。东道国对同等身份的外国代表团,按派遣国通知代表团组成的日期进行排列;有时也会按代表团抵达活动地点的时间先后排列。具体采用何种排列法,东道国往往会在邀请书中事先加以说明。在国际交往中,有时还可见到在同一个多边活动中,东道国采用多种排列法或本国排列在最后的方法。

安排礼宾次序除了上述各条中介绍的因素外,国家间的关系,所在地区,活动的性质、内容和对于活动的贡献大小,以及参加活动者的个人威望、资历等也是同时需要考虑的因素。诸如,通常把同一国家集团的、同一地区的、同一宗教信仰的,或关系特殊的国家代表团排在一起或排在前面。对同一级别的人员,常把威望高、资历深、年龄大者排在前面,有时还考虑业务性质、相互关系、语言交流等因素。如在大型宴请活动、观礼、观看演出或比赛中,在考虑身份、职务后,再将业务性质对口的、语言相通的、风俗习惯相近的代表团安排在一起。

总之,在安排礼宾次序工作中,接待服务人员要全面、周到、细致、慎重地考虑各方面的因素,才能恰当地做好这一工作,从而避免产生不必要的误解或麻烦。

二、国旗悬挂法

国旗是一个国家象征的标志。国际上,人们通常以悬挂国旗的形式来表示对自己祖国的热爱或对他国的尊重。如何悬挂国旗,国际上已形成了一些公认的惯例。

按国际关系准则,一国元首、政府首脑在他国领土上访问期间,在其下榻处及乘坐的交通工具上悬挂国旗(或元首旗)体现了一种外交特权。东道国在接待来访的外国元首、政府首脑时,在隆重的场合、贵宾下榻的国宾馆、乘坐的汽车上悬挂对方(或双方)的国旗(或元首旗)是一种特殊的礼遇。此外,国际上公认一个国家的外交代表在所驻国境内有权在其办公处和官邸以及交通工具上悬挂本国国旗。

在国际会议上,除会场悬挂与会国国旗外,各国政府代表团团长亦按会议组织者有关规定在一些场所或车辆上悬挂本国国旗(也有不挂国旗的)。有些体育比赛、展览会等国际性活动,也悬挂相关国家的国旗。

在建筑物上,或在户外悬挂国旗,一般都是日出升旗,日落降旗。如需降旗志哀,先要将旗升至杆顶,然后再下降至离杆顶约相当于杆长三分之一处。日落降旗时,再先将旗升至杆顶,然后降下。世界上也有国家志哀不降半旗,而是在国旗上方挂黑纱。担负升降国旗工作的人员,服装要穿着整齐,要立正脱帽行注目礼,不能使用破损或污损的国旗。平时升国旗一定要把旗帜升到杆顶。

按照国际惯例,在悬挂双方国旗时,应以右方为上,以左边为下,两国国旗并挂时,右挂客方国旗,左挂本国国旗。汽车上挂旗,则以汽车行进方向为准,驾驶员左手为主方、右手为客方。这里所说的宾、主,并不是以活动举行所在国来划分,而是把举办活动的一方称为主人。例如,有一外国政府代表团来我国访问,在欢迎宴会上,我国出面的主要领导人为主人;在该代表团答谢告别的宴会上,外国代表团团长就成了主人。

常用的几种悬挂国旗的方法见图16~图22。

国旗是绝对不能倒挂的。一些国家的国旗由于文字和图案的原因,也不能竖挂或反挂。有的国家甚至有明确规定:凡竖挂则需另行制作国旗,将图案转正。正式场合悬挂国旗要把正面面向观众,即以旗套的右边为准。如把两国国旗挂在墙壁上,应避免采用交叉挂法或竖挂法,而应用并列挂法。

各国国旗的式样、图案、颜色、尺寸、比例都是按本国宪法中的有关规定制作的。由于不同国家的国旗比例不同,两面旗帜悬挂在一起,一大一小就会显得不协调。因此,在并排悬挂比例不同的国旗时,应注意事前将其中一面适当放大或缩小,以使人们在视觉上感觉对称、相当。

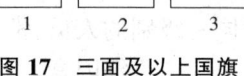

图16 两国国旗并挂示意图

图17 三面及以上国旗并挂示意图

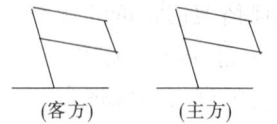

图18 并列悬挂国旗示意图

注：多面并列，主方在最后；如系国际会议，无主客之分，则按会议规定之礼宾排列。

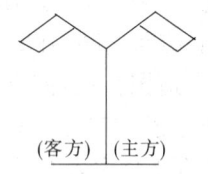

图19 交叉悬挂示意图

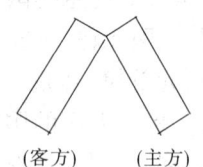

图20 交叉并挂示意图

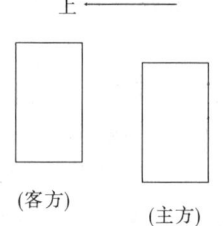

图21 竖挂式示意图

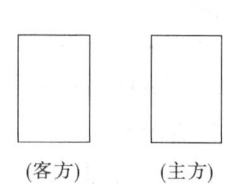

图22 竖挂式示意图(双方均为正面)

本章小结

本章节介绍的国际交往接待礼仪常识，是从事旅游涉外接待服务工作的必备知识，是做好民间外交工作的前提。这里要着重强调的是，国际交往接待礼仪工作中的有关具体事务，是我们从业人员必须熟悉掌握、细心操作的，因为外交无小事。

思考与练习

1. 为什么说旅游接待服务人员有必要了解、熟悉国际交往接待礼仪的基本常识？这些基本常识包括哪几个主要方面？
2. 根据外事工作的特点和要求，接待准备工作中需重视哪几个重要环节？
3. 迎送外宾工作中有哪几项具体事务需要特别关心？
4. 国际交往中宴请有哪几种基本形式？
5. 结合餐饮服务课程，练习宴会场地布置和铺台。
6. 接待服务人员在宴会开始前需做哪些准备工作？
7. 接待服务人员在宾、主抵达时应如何迎接？
8. 接待服务人员在宴会结束后需做哪些工作？

第 9 章 三大宗教礼仪常识

> **学习重点**
> - 三大宗教礼仪的基本常识
> - 与旅游接待服务工作有关的宗教礼仪

宗教是人类历史发展过程中产生的一种社会现象,它不同于封建迷信,而是一种意识形态。各宗教的信徒相信:在现实世界之外还存在着超自然、超人间的神仙世界和神秘力量,它们主宰着自然、社会和人类,因此各宗教信徒对自己所信奉的宗教十分虔诚,并祈求神灵能保佑自己万事如意。

宗教随着社会的发展和各种政权的建立而不断发展演变,由拜物教、多神教发展到一神教;由崇拜氏族图腾发展到民族神和民族宗教;最后出现了跨越国界和民族的世界性宗教。

当今世界宗教繁多,各宗教中又分诸多教派,势力大小不等。其中,佛教、基督教和伊斯兰教,因其历史悠久、影响广泛、教徒众多,故通常被统称为世界三大宗教。

我国是一个多民族的国家,少数民族几乎都信奉某种宗教,在汉族中也不乏宗教信徒。据不完全统计,在我国,全国性的爱国宗教组织有中国佛教协会、中国基督教三自爱国运动委员会、中国伊斯兰教协会、中国天主教爱国会、中国道教协会等。广大信徒充分享有信仰宗教的自由。

从事旅游接待服务工作的人员,了解熟悉宗教的基本常识,将有助于在工作中懂得如何尊重来自五大洲和全国各民族地区宾客的宗教信仰和习俗,把接待服务做得更贴切、周到,这不仅能显示我们那种"有朋自远方来,不亦乐乎"的真挚感情,同时也可加深与各国人民和海外同胞及全国各民族兄弟交往的情谊。

第一节 佛教礼仪

一、起源和传播

佛教起源于公元前 6 世纪至公元前 5 世纪古代印度的迦毗罗卫国(在今尼泊尔南部),是释迦族的王太子乔达摩·悉达多所创立。"释迦牟尼"即信徒们对乔达摩·悉达多王太子的尊称,意为"释迦族之圣人"。

佛教传入我国约在公元前 1 世纪左右,至今已有 2000 多年的历史。河南省洛阳市的白马寺便是我国佛教之始的见证。由于佛教能不断与我国儒家的封建宗法思想交融,因而得以广泛传播,并产生了天台、华严、净土、法相、律宗、禅宗、密宗等许多宗派,形成了山西五台山、四川峨眉山、浙江普陀山和安徽九华山四大佛教圣地。

佛教分南传、北传两种。南传佛教为小乘教派,受其影响的有泰国、缅甸、马来西亚、柬埔寨、老挝、斯里兰卡等国,以及我国西南少数民族地区。北传佛教为大乘教派,受其影响的有印度、中国、日本、韩国及越南等国,我国汉族大部分地区信奉的是大乘教派。传入西北、内蒙古、青海和西藏地区的为喇嘛教。

二、教义和教规

(一)佛教的基本教义

1."三法印"。指"诸行无常""诸法无我""涅槃寂静"三条衡量天下事物是否合乎佛教教义的准则。

2."四圣谛"。指"苦""集""灭""道"四谛。

"苦",说人生一切皆苦,苦海无边。

"集",说造成人生痛苦的各种原因。

"灭",说引导人们最终达到的理想境界。

"道",说到达理想境界的手段和方法。

3."八正道"。是把"四圣谛"进一步具体化,提出了要达到理想境界应遵循的八种方法。即:

正见(正确的见解);正思维(正确的思考);

正语(正确的言论);正业(正确的行动);

正命(正确的生活);正精进(正确的努力);

正念(正确的意念);正定(正确的自我精神集中)。

4."十二因缘"。为佛教"三世轮回"的基本理论,是对人生苦难缘由所作的分析。它以"无明"作为往世的原因,以"识、名、色、六入、触、受"作为今世的结果,并以"爱、取、有"作为今世的原因,以"生、死"作为来世的结果,这就是"三世两重因果"之说。

(二)佛教的基本教规

1."五戒",即不可杀生;不可偷盗;不可邪淫;不可妄语和不可饮酒。

2."十戒",即不杀;不盗;不淫;不酒;不妄;不着彩衣和不用装饰品;不视听歌舞;不睡高床;过午不食;不蓄财宝共10种根本戒律。由此还可扩充为和尚的250戒和尼姑的348戒。

三、礼仪

(一)称谓

佛教在各国的教制、教职不尽相同,称谓也不完全一致。如泰国有僧王,但别国则不设。在我国寺院中主要负责人称"方丈"即"住持",负责内部事务的称"监院",负责对外联络的称"知客",他们可尊称为"长老""高僧""大师""法师"。

佛教徒中出家的男性称"比丘",简称"僧",俗称"和尚";出家的女性称"比丘尼",简称"尼",俗称"尼姑"。凡出家的佛教徒必须剃除须发,披上袈裟,称为"披剃"。僧、尼一经"披剃",即入住寺院,开始过与世俗隔绝的生活。

(二)"四威仪"

这是指僧尼的行、住、坐、卧时应保持的威仪德相,即行如风,住(站)如松,坐如钟,卧如弓。

(三)受戒

这是接受佛教戒律的仪式。受戒后出家的僧尼就必须严格遵守佛教的各种清规戒律。如过午不食。僧尼在寺庙中通常一日二餐,过了中午12点钟就不能吃东西。又如不沾荤腥。在佛门中荤是指葱、蒜、辣椒之类气味浓烈、辛辣的食品,因为吃了这些食物就不利于修行,所以教规不允;鱼、肉是属腥类食品,佛教经典中有禁食的明文规定。此外,僧、尼不得结婚等均为受戒后要老老实实自觉执行的。

（四）合十

合十或称合掌,这是指教徒之间或与他人见面时行的一种礼。合十时双手手心相对并拢,手指朝上,置于胸前,口中念道"阿弥陀佛",以示敬意。如果在合十的同时又蹲下,则为行大礼。

（五）顶礼

顶礼是向佛、菩萨或上座行的礼。行礼时双膝跪下,舒两掌过额头承空,头顶叩地,以示头触佛足,毕恭毕敬,可谓"五体投地"。

（六）朝山

这是指佛教徒到名山大寺去进香拜佛。小乘佛教教徒进入寺庙时要脱鞋,进殿只朝拜"释迦牟尼"佛像;大乘佛教教徒进入寺庙可不脱鞋,进殿除朝拜佛祖外还要朝拜弥勒佛、观世音以及三世十方众佛和菩萨。

四、主要节日

佛教的主要节日有:

（一）世界佛陀日

即"哈舍会节",又称"维莎迦节",时间在公历5月间的月圆日。这是把佛的诞生、戒道、涅槃合并在一起的节日。节日中,一些佛教盛行的国家要举行全国性的大规模庆祝活动。

（二）佛诞节

这是纪念佛祖释迦牟尼诞辰的节日。相传释迦牟尼出世后即会行走,东南西北各走了七步,步步生莲花,并右手指天,左手指地说:"天上地下,唯我独尊。"随之空中天女散花,异香馥郁,并有九龙喷出香水为佛祖浴身。从此,佛诞节又称"浴佛节"。信奉小乘佛教的东南亚国家和我国西南的傣族地区又将这一节日称为"泼水节",在泰国则称为"送干节"。中国汉族地区的大乘佛教定此节时间为农历四月初八;小乘佛教则定此日为公历4月中旬,具体日期不固定。泰国的"送干节"时间为公历4月13日至15日;我国傣族地区的"泼水节"是按照傣历新年来确定的,约在公历4月13日左右。

节日的主要活动是举行隆重的"浴佛"仪式,用香水淋洒佛祖像的全身。节日这一天,信徒们还要举行斋会,吃阿弥饭（乌米饭）,有放生的习俗。东南亚各国和我国西南的傣族地区在节日中人们还要相互泼水,表达良好的祝愿,并举行一系列的庆祝活动。泼水节正值旱季行将结束、雨季即将到来,所以泼水活动反映了人们祈盼风调雨顺、谷物丰收的良好愿望。

（三）成道节

这是佛祖释迦牟尼成佛的纪念日,时间是每年农历腊月初八,届时信徒们以"腊八粥"供奉佛像。

（四）涅槃节

这是释迦牟尼逝世的纪念日,时间是每年农历二月十五。这一天要举行"涅槃法会",诵《遗教经》。

第二节 基督教礼仪

一、起源和传播

基督教起源于公元 1 世纪初罗马帝国统治下的巴勒斯坦地区,它是古代犹太人反抗罗马帝国奴役的宗教产物。相传,"救世主"耶稣奉圣父之命来到人世间拯救人类。后来,由于被叛徒犹大出卖,耶稣受难于耶路撒冷,被罗马总督下令钉死在十字架上。此后人们开始把十字架视为信奉基督教的标志,耶路撒冷也成了基督教的圣地。

基督教主张顺从、忍耐,号召信徒们把希望寄托于来世。在该教发展过程中,由于社会中、上层人士入教,专职神职人员对教会进行控制,并逐步被统治阶级所利用。公元 313 年,君士坦丁大帝发表了"米兰敕令",承认基督教的合法地位。公元 392 年,罗马皇帝狄奥多西一世又宣布把基督教定为国教。从此,随着罗马帝国远征开拓殖民地,基督教逐步传遍了世界各地,迄今教徒已达 10 多亿。

公元 4 世纪末,由于罗马帝国的分裂,基督教形成了东(君士坦丁堡)、西(罗马)两个中心。11 世纪中叶,东部教会正式称为东正教,西部教会为天主教。16 世纪,西部教会内部又产生了代表新兴资产阶级利益、脱离罗马教廷的"抗议派"基督新教。从此,基督教形成了三大教派鼎立的格局。

天主教,又称罗马公教,除信仰天主和基督外,还尊奉圣母玛利亚。罗马教皇为首的教廷设在意大利罗马城内的梵蒂冈国,承认罗马教皇是全世界罗马系天主教徒的精神领袖。

东正教,又称正教,信奉上帝、基督和圣母玛利亚,但不承认罗马教皇有高出其他主教的地位和权力。该教允许除主教外其他教士婚娶。

基督新教,俗称耶稣教,我国宗教界称其为基督教,该教不承认罗马教皇的权威,不信奉圣母玛利亚,其教义、礼仪及教会管理已作改革,不同于天主教和东正教。该教也允许教士婚娶。

天主教主要分布在意大利、法国、西班牙、葡萄牙、比利时、卢森堡、爱尔兰、德国南部、奥地利、匈牙利、波兰、捷克、斯洛伐克以及拉丁美洲、亚洲一些国家。全世界教徒共计已超过 5 亿。

东正教主要分布在希腊、塞浦路斯、阿尔巴尼亚、保加利亚、罗马尼亚、俄罗斯等国。全世界有 8000 多万教徒。

基督新教,主要分布在美国、加拿大、英国、德国北部、北欧各国以及澳大利亚、新西兰等国。全世界信徒有 3 亿多。

在基督教三大教派名下,各教派内部还分许多宗派,如天主教分罗马天主教和非罗马天主教;东正教还分俄罗斯东正教、希腊东正教等;基督新教中有圣公会、长老会、浸礼会、公理会、卫理会以及信义会等。

三大教派的教制也各不相同,如天主教实行的是教皇制,基督新教中有的实行主教制,有的实行长老制、公理制。

天主教的教职有教皇、主教、神父。神职人员有修士和修女。

东正教的教职有普世牧首、牧首、都主教、大主教、主教、大司祭、司祭、辅祭等。神职人员为修士和修女。

基督新教的教职为牧师、传道员等神职人员。其中圣公会有坎特伯雷大主教、大主教、牧师、会吏。信义会有"监督"(主教)。卫理会有"会督"(主教)。加尔文会还有长老。

二、教义和教规

基督教的主要经典是《圣经》，分《旧约全书》和《新约全书》两部。《旧约全书》原为犹太教的经典，共39卷；《新约全书》是基督教产生后写的经典，共27卷。

(一) 基督教的基本教义

1. 信仰"上帝"：基督教认为上帝主宰天地，是天地万物的唯一创造者。上帝有"圣父""圣子"和"圣灵"三个格位，而且三位一体，同享敬拜，同享尊荣。上帝是至高无上、全知全能、无所不在的真神。

2. 信"基督救赎"：基督教认为世上的人是无法拯救自己的，因此上帝就派了圣子耶稣降临人世，为世人赎罪，甘愿自己受难，用自己的血来洗刷世人的罪过。这样，世人若想赎罪，拯救自己的灵魂，就得信仰上帝，祈求耶稣基督保佑。

3. 信"灵魂不灭，世界末日"：基督教认为人死后灵魂是永存的，但总有一天现世将最后终结，而受到上帝的审判，善者能上天堂，恶者要下地狱。

(二) 基督教的教规

1. 除上帝之外，不得信仰其他神；

2. 不可制造和敬拜偶像(天主教无此条，另设一条"勿贪他人妻室"作为第九诫)；

3. 不许妄称圣父耶和华的名(决不允许以上帝的名义发假誓)；

4. 勤劳做工六天，第七天要守安息日；

5. 须孝敬父母；

6. 不许杀人；

7. 不许奸淫；

8. 不许偷盗；

9. 不许做假见证来陷害他人；

10. 不许贪恋他人财物。

以上十诫也是基督教的道德准则，其中，前四条讲的是人与上帝的关系，后六条讲的是人与人之间的关系，其内容集中在《新约全书·马太福音》第五至七章《登山训众》之中。天主教会又将"十诫"归纳为两个重点，即"爱上帝万有之上"和"爱人如己"。

此外，基督教有如下主要禁忌：如基督徒一般忌食带血的食物，如鸡血、鸭血、猪血等。安息会的信徒还不食猪肉。此外，基督徒忌讳数字"13"和星期五，因为耶稣受难在一个13日的星期五，不吉利。西方人若碰上某月13日正巧又是星期五，就称这是个黑色的日子。在这一天，信徒们忌讳出门、办重要的事、赴宴或举行活动。

三、礼仪

(一) 称谓

基督教的信徒之间称平信徒，在我国习惯称教友。基督新教教徒之间可称兄弟姐妹，因为大家同是上帝的儿女；也可称同道，因为大家都信奉耶稣所传的教道。

教会的神职人员，则按其职称称呼，如某某主教、某某牧师、某某神父、某某长老等。

(二)洗礼

这是基督教的入教仪式。经过洗礼后,就意味着教徒的所有罪孽获得了赦免。洗礼的方式有两种:点水礼和浸洗礼。点水礼是用一小杯水蘸洒在受洗礼者的额头上,或由神职人员用手蘸水在受礼者额头上画"十"字。浸洗礼则是把受礼者全身浸入水中。天主教多施点水礼,东正教则通常施浸洗礼。

(三)礼拜

礼拜是信徒们在教堂里进行的一项包括唱诗、读经、祈祷、听讲道和祝福的宗教活动,每周一次。星期日做礼拜为"主日礼拜",因为据《圣经·新约》中记载,耶稣在这天复活。另有少数教派是规定星期六(安息日)为礼拜,这天称为"安息日礼拜"。

除每周一次的常规礼拜之外,基督教会还举办结婚礼拜、葬礼礼拜、追思礼拜、感恩礼拜和圣餐礼拜等礼拜活动。

(四)祈祷

祈祷俗称祷告,这是基督教信徒向上帝和耶稣表示感谢、赞美、祈求或认罪的宗教仪式。祈祷有口祷、默祷两种形式;个人独自进行的祈祷为私祷,在礼拜、聚会时众信徒由神职人员主颂的为公祷。祈祷时通常信徒双手手指交叉合拢并置胸前,闭上双目,排除杂念,祷告完毕时口呼"阿门",表达"唯愿如此,允获所求"之意。

(五)告解

告解就是忏悔,这是信徒单独向神职人员表白自己的过错或罪恶,并有意悔改的宗教仪式。神职人员听后要对其进行劝导,并对此忏悔内容予以保密。

(六)终傅

终傅是基督教信徒在临终前请神职人员为其敷擦"圣油"(一种含有香液的橄榄油)用以赦免其一生罪过的宗教仪式。

(七)守斋

基督教规定:每星期五和圣诞节前夕(12月24日)为守斋日,届时信徒不食一切肉类食品,只食用蔬菜和鱼。

(八)领"圣体"(天主教)或领"圣体血"(东正教)

这是纪念基督救赎的宗教仪式。据《新约全书》称,耶稣在最后的晚餐时,拿起饼和葡萄酒祈祷后分发给十二位门徒,说:"这是我的身体和血,是为众免罪而舍弃和流出的。"因此天主教、东正教认为领"圣体"或领"圣体血",意为分享耶稣的生命。在这仪式上,由众教徒向神职人员领取经过"祝圣"后的无酵面饼(东正教用发酵面饼,即面包)和葡萄酒。天主教徒仅食面饼,这就是"圣餐"。天主教称这一仪式为"弥撒",而教徒们参加这一活动为"望弥撒"。

(九)神品

这是任命神职人员"祝圣按立"的仪式。

(十)婚配礼

这是神职人员在教堂里为教徒主持婚礼的仪式。

基督新教主张廉俭教会,在经济和时间上厉行节约,"圣礼"的项目、内容和时间均从简行事。现在基督新教中绝大多数教派所公认的"圣礼"仅为两项:洗礼和圣餐。

四、主要节日

(一) 圣诞节

这是纪念耶稣诞生的节日。由于历法不同,大多数教会规定每年12月25日为圣诞节,东正教则规定在每年的1月6日或7日。圣诞节沿革至今,不仅是一个传统的宗教节日,而且已成为许多国家民间盛大的欢庆节日。在欧美各国,人们过圣诞节要比过新年元旦更为隆重。家家户户布置上五光十色的圣诞树,作为幸福的象征;"圣诞老人"要给孩子们分发礼品;人们互赠圣诞卡以示祝贺;夜晚点上圣诞蜡烛象征光明;圣诞节前夕和当天早晨信徒们纷纷上教堂去唱赞美诗,接受神父或牧师的祝福;节日中全家团聚在一起共进有烤火鸡、火腿、甘薯、蔬菜、葡萄干布丁等丰富食品的圣诞晚餐。

(二) 复活节

这是纪念耶稣复活的节日,它又是东正教最为隆重的节日。据《新约全书》记载,耶稣受难日为星期五(13日),死后第三天(星期日)复活。复活节的日期定为每年春分月圆后第一个星期日,一般在公历3月21日至4月25日之间。由于东正教沿用儒略历,故要比天主教、基督新教规定的日期通常迟两个星期。

复活节虽为基督教的节日,但其许多习俗和名称却来源于一些古老的异教。如鸡蛋和兔子是复活节的吉祥物,因古代鸡蛋象征多子多孙,基督徒视之代表耶稣复活;有人把鸡蛋染成红色,借此象征生活幸福;也有人把寻找彩蛋作为庆祝节日的一项活动。兔子则被视为新生命的象征。节日中人们爱吃的食物是熏烤的羊肉、火腿等。据说,基督徒食用羊肉的习惯是从古代宗教使用羊祭祀死亡者灵魂的习俗沿袭下来的。

(三) 狂欢节

狂欢节起源于古罗马的农神节,发展于中世纪,盛行于当代,是欧美各国的民间传统节日。由于各国的习俗各异,狂欢节的日期不统一,甚至在同一国家也有因地而异的情况。如有的始于圣诞节,又有的始于元旦或其他日子。在德国,科隆市的狂欢节定于11月11日11时11分开始,而慕尼黑市则定于1月6日。多数国家的狂欢节都在气候宜人的时节举行。意大利的海滨城市维亚雷焦是举世闻名的狂欢节胜地之一,拉丁美洲的巴西则又是全球公认的"狂欢节之乡"。节日里,人们要举行化装游行、歌舞娱乐表演等大型集体活动,尽情欢乐、畅饮。

第三节 伊斯兰教礼仪

一、起源和传播

伊斯兰教,又称清真教。起源于公元7世纪初的阿拉伯半岛,由出生于麦加没落贵族商人家庭的穆罕默德所创立。"伊斯兰"(Islām)在阿拉伯语中意为"顺服",该教号召信徒们要顺从真主"安拉"的旨意。其教徒通称为"穆斯林",意为"归信者"。

伊斯兰教是在下述社会历史背景下诞生的:当时的阿拉伯半岛上东西商路改道,造成社会经济日趋衰退、多神教崇拜盛行、部落间战事频发,社会处于动荡、分裂的状态。40岁的穆罕默德宣称自己受到真主"安拉"的启示,为实现各部落的经济发展和和平统一,创立了伊斯兰教。

伊斯兰教早在7世纪中叶就传入我国,特别在西北地区的回族、维吾尔族、哈萨克族等

10多个少数民族中广泛流传,信徒多达1400万人。今天,全世界伊斯兰教教徒已超过12亿,影响到90多个国家,其中信徒占全国人口百分之八十以上的就有30多个,特别是在西亚中东一带和非洲,不少国家将伊斯兰教定为国教。

伊斯兰教在发展过程中形成了两大教派:逊尼派和什叶派。

二、教义和教规

(一)伊斯兰教的基本教义

伊斯兰教的基本教义为"六大信仰":

1. 信"安拉",即信仰安拉是创造和主宰宇宙万物的唯一之神。

2. 信"使者",即信仰穆罕默德是安拉派往人间的使者,负责传达神意,拯救世人。

3. 信"天使",即相信天界的天使,根据安拉的旨意,各司其职,人们的言行均受天神的监视并由天神向安拉汇报。

4. 信"经典",即信安拉降示的天经《古兰经》,这是伊斯兰教的根本大典,同时也是人们的道德规范和立法、思想学说的依据。

5. 信"前定",即相信人一生的命运是由安拉早就安排好的,个人无法自由选择,当今世上的一切都是由安拉预先确定的。

6. 信"后世",即相信人死后,其"灵魂"不死,死后要受"末日审判",生前行善者可进天堂享乐;作恶者则坠于火狱,要受尽折磨痛苦,并永世不得翻身。

(二)伊斯兰教的教规

伊斯兰教的教规主要是修"五功",这是穆斯林的宗教义务,又是宗教功课。

1. 念功,即心念或口念:"万物非主,唯有真主,穆罕默德是真主的使者。"

2. 拜功,即每天在晨、晌、晡、昏、宵五个时辰做礼拜五次,每星期五还要进行一次"主麻拜"。每年的开斋节和宰牲节时要做节日礼拜。礼拜时要面朝向圣地麦加大清真寺的克尔白(天房)。日常礼拜前要"小净","主麻拜"和节日礼拜前要"大净"。

3. 斋功,即在每年伊斯兰教教历太阴年9月斋戒一个月,在这期间,从日出到日落穆斯林们不得吃喝,禁止娱乐活动。但病人、孕乳期妇女和幼儿不受此规定限制。

4. 课功,即施舍,这是伊斯兰教的宗教课税,教徒们要根据自己拥有的财产多少缴纳。

5. 朝功,即朝觐,每个穆斯林不分男女,凡身体健康,自备旅费,一生中至少应去伊斯兰教的圣地——麦加朝觐一次。"正朝"的朝觐时间是伊斯兰教教历的12月8至12日。每位朝觐者在进入麦加前要在规定的地点受戒(大净)。

朝觐的活动内容为巡礼"克尔白",瞻吻"玄石"。"正朝"之日就是伊斯兰教的主要节日宰牲节。节日里,人们宰杀牲畜献祭,向象征魔鬼的三根石柱投掷石块。当然,除"正朝"期外,每个穆斯林也可随时去圣地麦加作朝觐,这叫"副朝"。

在伊斯兰教的教规中还对穆斯林的饮食作了严格规定,如:禁饮酒;禁食无鳞鱼;禁食猪肉;禁食被击死、勒死或跌死的动物肉;禁食虎、豹、蛇、鹰、马、骡、驴、狗等禽兽。

三、礼仪

(一)称谓

伊斯兰教的教徒之间,不分身份高低,都互称兄弟、教友。

穆斯林对知己的朋友称"哈毕布"(阿拉伯语的意思是知心人)。

凡到过圣地麦加做过朝觐的穆斯林,在姓名前可冠以"哈吉"(阿拉伯语的意思是朝觐者)。

有地位、有学问和德高望重的穆斯林长者尊称为筛海,亦可称"阿林""握力"或"巴巴"。

到清真寺做礼拜的穆斯林统称为"乡老"。

伊斯兰教清真寺里的主持称"阿訇"。

(二)祈祷

穆斯林每天要做五次祈祷,祈祷时,外人不得干扰。清真寺严禁外人入内,更不得穿鞋进入。

(三)通婚

伊斯兰教禁止血亲与近亲之间通婚,穆斯林也不得与异教徒通婚。

(四)殡葬

伊斯兰教规定穆斯林死后要实行土葬,尸体用白布包裹,而不用棺木。人们送葬时,不行鞠躬、磕头或下跪等仪式。葬礼上,送葬人站在已故者一侧,面向麦加克尔白方向做祈祷即可。

(五)送礼

向伊斯兰教教徒送礼,不得赠送带有动物形象或图案的礼品,这是大忌。

(六)妇女的禁忌

信奉伊斯兰教的妇女外出或在陌生人面前必须戴面纱,不戴面纱不能进入清真寺。

四、主要节日

(一)圣纪(忌)日

相传每年的伊斯兰教教历3月12日为穆罕默德的生辰和忌日,这天穆斯林们要诵经、赞圣、讲述穆罕默德的生平事迹。

(二)开斋节

在伊斯兰教教历的9月29日或10月1日。在我国新疆地区又称肉孜节。按伊斯兰教教规,9月底斋戒结束的一天要寻看新月,见到后次日开斋,如未见月,则开斋顺延,但一般不会超过三日。节日期间,穆斯林要举行集体礼拜和庆祝活动。青年男女往往选择这一天举行婚礼,以增添欢乐的节日气氛。

(三)宰牲节

在我国称古尔邦节。在阿拉伯语中,"古尔邦"意为"献牲"。时间在每年伊斯兰教教历的12月10日。相传先知易卜拉欣受真主的启迪,要他杀死其子伊斯玛仪勒,以考验他对安拉是否忠诚。当易卜拉欣真的从命行事之时,安拉派来天使送上一只羊,以羊代子,这就是宰牲节由来的典故。

本章小结

本章节主要介绍了佛教、基督教和伊斯兰教礼仪的基本常识。其中有些内容,如宗教上的习俗、礼仪和忌讳等,都与我们旅游接待服务工作密切相关,应予特别重视。熟悉这些知识有助于我们接待好有宗教信仰的宾客,既尊重他们的宗教信仰,同时又能体现我们接待服务的精到细微。

思考与练习

1. 为什么说旅游接待服务人员需了解一些宗教礼仪常识?
2. 佛教有哪些基本教规?有哪些主要的礼仪及重要的节日?
3. 基督教中有哪三大教派?基督教有哪些主要禁忌及重要的节日?
4. 伊斯兰教的教规中对穆斯林的饮食做了哪些严格规定?伊斯兰教有哪些重要的节日?
5. 在空白的世界地图上用不同色彩的笔分别标示出信奉佛教、基督教(天主教)和伊斯兰教的国家,研究各宗教分布的特点,并注明各国使用的语言。

附录一　领带的系法示意图

		1	2	3	4
第一种系法	传统款式				
		5	6	7	8
		1	2	3	4
第二种系法	流行款式				
		5	6	7	8
		1	2	3	4
第三种系法	标准款式				
		5	6	7	8

附录二 旅游企业员工仪容仪表规范示意图

一、男员工(不包括导游)仪容仪表规范示意图

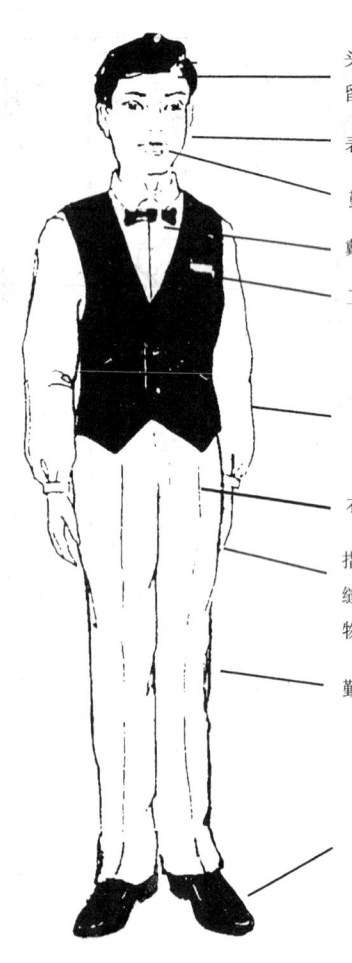

- 头发勤梳洗,发型朴实大方,不留长发、不蓄胡子,发角不盖耳
- 表情自然,神态大方,面带笑容
- 勤漱口,不吃腥味、异味食物
- 戴正领带、领结
- 工号牌佩戴在左胸上衣袋口处
- 保持工服整洁,不脏、不皱、不缺损,勤换、勤洗内衣、袜子
- 衣袋内不放与工作无关的物品
- 指甲常修剪,不留长指甲,指甲边缝内无污垢;不戴戒指、手链等饰物
- 勤洗澡,身上无汗味
- 皮鞋常擦,保持锃亮;穿布鞋要保持清洁

二、女员工（不包括导游）仪容仪表规范示意图

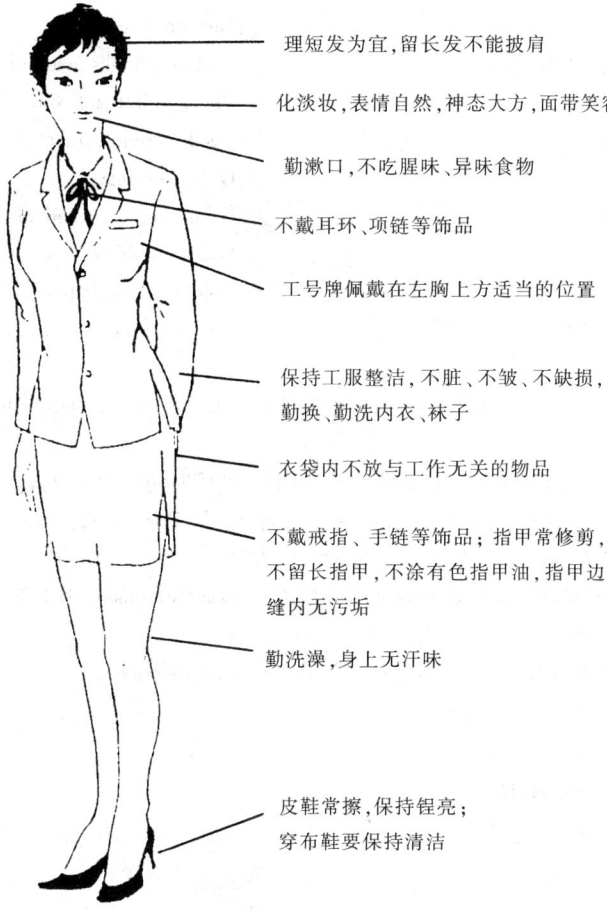

- 理短发为宜，留长发不能披肩
- 化淡妆，表情自然，神态大方，面带笑容
- 勤漱口，不吃腥味、异味食物
- 不戴耳环、项链等饰品
- 工号牌佩戴在左胸上方适当的位置
- 保持工服整洁，不脏、不皱、不缺损，勤换、勤洗内衣、袜子
- 衣袋内不放与工作无关的物品
- 不戴戒指、手链等饰品；指甲常修剪，不留长指甲，不涂有色指甲油，指甲边缝内无污垢
- 勤洗澡，身上无汗味
- 皮鞋常擦，保持锃亮；穿布鞋要保持清洁

附录三 (汉英对照)常用礼貌用语及相关句式

一、问候招呼

汉语表达方式	英语表达方式
①问:您好!	Q:How do you do?
答:您好!	A:How do you do?
②问:您好吗?	Q:How are you?
答和问:好,多谢。那么您呢?	A&Q:Fine,thanks,and you?
答:很好,谢谢!	A:Pretty well,thank you.
③问:早上好,先生。	Q:Good morning,sir.
答:早上好!	A:Good morning.
④问:下午好,太太。	Q:Good afternoon,madam.
答:下午好!	A:Good afternoon.
⑤问:晚上好,女士们、先生们!	Q:Good evening,ladies and gentlemen.
答:晚上好!	A:Good evening.

用法说明:

①"How do you do?"是与人初次见面时说的问候语。要注意应答时仍用"How do you do?"使用这句问候语时不能再加称呼。

②"How are you?"用于相互熟悉的人们之间的问候,使用时句后常加对方的称呼,如"How are you, Mrs White?"回答时不能重复问句,可以说"Quite well, thank you." "Pretty well, thank you."或"Fine, thanks."等。"And you?"是"And how are you?"的省略形式。

③"Good morning"是用于早晨至午餐前的问候语。"Good afternoon"用于下午至日落前,日落后则需改用"Good evening"来问候。

④"sir"是对男性的尊称,使用时不受对方年龄、婚姻状况的限制。

⑤"madam"是对已婚女性的尊称。

⑥"miss"通常是对未婚女性的尊称。

二、请求和委婉地征询

1.请求用语

汉语表达方式	英语表达方式
请。	Please.
请一直向前走。	Please go straight ahead.
请用茶。	Please have some tea.
请稍候。	Please wait a minute.
请小心。	Please take care.
请不要在此抽烟。	Please don't smoke here.
您先请。	After you, please.

用法说明:

①"Please have some tea."是祈使句,句中的"please"是"if you please"的省略形式,如把"please"放在句末则需用逗号隔开:"Have some tea, please."这类祈使句中由于加上了"please"显得语气委婉客气。

②"After you"是"I'll go after you."的省略形式,这是为了突出"您先请"的表达方式。

2.委婉地征询

汉语表达方式	英语表达方式
请您(做)……好吗?	Could(Would) you please...
请您说得慢一点好吗?	Could you please speak a little slower?
请您在账单上签个名好吗?	Would you please sign the bill?
您想要(做)……吗?	Would you like to...
您想擦皮鞋吗?	Would you like to have your shoes shined?
您想喝点葡萄酒吗?	Would you like to have some wine?
您介意……吗?	Do you mind...
我把窗子打开您介意吗?	Do you mind my opening the windows?
我可以(做)……吗?	May (Can) I...
我可以帮您什么吗?	May (Can) I help you?
我来(做)……好吗?	Shall I...
我来为您提这个手提箱好吗?	Shall I carry the suitcase for you?

用法说明：

①按英语的口语习惯,用过去式表示可在语气上显得委婉客气,听起来不会令人感到生硬,所以有些礼貌用语是用这种形式来表达的。如:用"Could you..."来代替"Can you...",用"Would you..."来代替"Will you..."等。但要说明,这类句式并没有过去时态的意义。

又如:"Will you like a cup of tea?"和"Would you like a cup of tea?"两句相比较,后者的语气则委婉得多。请注意句中的"Will"并不表示"将来",而是"愿不愿"、"要不要"的意思。它是用来请求对方办事时的客气话。

再如:"Please wait a minute."与"Will you please wait a minute?"及"Would you please wait a minute?"三句相比较则一句比一句委婉客气。

②"Do you mind..."是一种婉转地征求对方意见的询问形式,"Would you mind..."则更为婉转。"mind"一词后通常接名词或动名词,也可用以"if"引导的从句,如:"Do you mind my turning up the radio?""Would you mind my turning up the radio?""Do(Would) you mind if I turned up the radio?"

③"May"和"Can"是情态动词,在疑问句中用来征求对方的意见,询问某事可不可以做,是一种客气的表达方式。"Can I..."和"May I..."可互通使用,但"May I..."则更为委婉。

④"Shall I..."是用来征求对方意见,有"要不要由我来做某事"之意,往往带有提议性。

三、致谢及答语

1.致谢

汉语表达方式	英语表达方式
谢谢您。	Thank you.
非常感谢。	Thank you very much.
多谢。	Thanks.(Many thanks. / Thanks a lot....)
谢谢您的帮助(称赞)。	Thank you for your help(compliments).
谢谢您告诉我。	Thank you for telling me.
谢谢您,我心领了。	Thank you just the same.

用法说明：

①"Thank you"是表示感谢的短句,在英语国家,人们在日常生活中普遍使用,几乎成了一种口头语。在别人为您做事、帮忙或为您让路等情况下,您就应该这样说来表达谢意。表示感谢的用语很多,要注意学会各种表示方法及使用的场合和要求。

②"Thank you for…"在使用时根据需要或要表达的意思可接名词或动名词,但不可直接使用动词原形。

③"Thank you just the same."这句话的含义为:虽然谢绝了对方的好意(馈赠、邀请等),但仍然表示感谢,有"心领"的意思。

2.致谢的答语

汉语表达方式	英语表达方式
不用客气。	You are welcome.
愿为您效劳。	At your service.
非常高兴为您服务。	It's my pleasure.
我很乐意为您效劳。	With pleasure.
您这样说太客气了。	It's very kind of you to say so.
您这样做太客气了。	It's very kind of you to do so.
一点也不麻烦。	No trouble at all.
没什么。	Not at all.
不用谢。	Don't mention it.

用法说明:

宾客对我们的服务表示满意时会表示谢意,而我们服务人员则不能对此无动于衷,更不能谢绝,那是不礼貌、不文明的。为了显露出此时的愉快心情,我们应报以微笑,同时根据场合和需要从以上用语中选择适当的致谢答语作为礼貌的应答。

四、致歉

汉语表达方式	英语表达方式
对不起。	Sorry.
真对不起。	So sorry.
我很抱歉。	I'm so sorry.
对不起麻烦您了。	I'm so sorry to trouble you.
我对我所说的话表示歉意。	I'm sorry for what I've said.
弄伤您了,真对不起。	I'm sorry for having hurt you.
对不起让您久等了。	I'm sorry to have kept you waiting.
请您原谅。	I beg your pardon.
请原谅我。	Pardon me.
我得道歉。	I do apologize.

用法说明:

①"Sorry.""I'm so sorry.""Excuse me."及"I beg your pardon."等都可用来表示"对不起"。"Sorry"或"I'm so sorry."有遗憾抱歉之意。其含义与"Excuse me.""I beg your pardon."相同。在用法上有时也可相通。但注意"I'm so sorry."大多用于婉言拒绝他人的要求,表示不能同意或不能满足对方的意见或要求。如:"Sorry(I'm sorry),this table has been reserved."但在招呼别人时只能用"Excuse me"。

②"Sorry to…(I'm sorry to…)"后可接动词或动词词组,而"I'm sorry for"后则应接一个从句或动名词词组。

③"Pardon me"和"I beg your pardon."的意思和"Excuse me."一样是美国人常用语,用于冒犯了别人或不慎碰撞别人等情况下请求对方原谅的道歉语。此外,当你听不清楚对方说什么而要求对方再说一遍时,也可说"I beg your pardon."

④"I do apologize."中的"do"是用来表示强调,加重语气。

五、引起对方注意或请求原谅

汉语表达方式	英语表达方式
劳驾。	Excuse me.
请问,我可以入内吗?	Excuse me. May I come in?
请原谅打断您(说话、办事)。	Excuse me for interrupting you.

用法说明:

①"Excuse me"是英国人的习惯用语,有两种主要的用法:一种有"请问"之意,当问别人一件事情时需先说这句话,然后提出要问的话,另外还有引起对方注意的作用;一种是在打断别人说话或做事等情况下用的。

②"Excuse me"可单独使用。注意"Excuse me for..."后面通常接的是动名词短语。

六、告别

汉语表达方式	英语表达方式
再见。	Good-bye.
晚安。	Good night.
一会儿见。	See you later.
明天见。	See you tomorrow.
再见,祝您好运。	Good-bye and good luck.
再见,希望能再见到您。	Good-bye and hope to see you again.
祝您旅途愉快。	Have a nice trip.

用法说明:

①"Good-bye"是分别时最常用的一句话,只适用于告别时。英国人常用"Cheerio"(再见),原本含有"Cheer up"即"不要惜别"之意。

②英语口语中还有"So long","Bye-bye"等说法,这限于在彼此熟识的人之间随便用的,对饭店服务人员来说,不宜在接待外宾时使用这些表达告别的用语。

③"See you later""See you this afternoon""See you tomorrow""See you next Monday"等句都用于平时的暂别。美国人有时也喜欢用"I'll be seeing you."作告别语,其意思与"Bye-bye"一样。

七、欢迎

汉语表达方式	英语表达方式
欢迎。	Welcome.
欢迎光临本酒店。	Welcome to our hotel.
欢迎到中国(北京)来。	Welcome to China (Beijing).

用法说明:

①"Welcome"可单独使用,其意是"欢迎",也可作"欢迎光临""欢迎莅临"解释。

②如要表示"欢迎(对方)到某处来",则需在"Welcome"后加介词"to"再接处所。

八、祝贺与祝愿

汉语表达方式	英语表达方式
祝贺(恭喜)您!	Congratulations!
致以良好的祝愿。	Best wishes!
祝您生日快乐!	Happy birthday!
新年好!	Happy New Year!
圣诞快乐!	Merry Christmas!
也祝您……	The same to you!

用法说明：

①"Congratulations!""Best wishes!"是用来向对方表示祝贺(恭喜)的礼貌用语,适合用在向宾客祝贺其逢喜庆时,这是一种礼节。需注意词尾的复数形式。

②祝贺生日、新年、圣诞的用语有时间限制,需适时使用。

③"The same to you"用于他人祝贺自己后的对应答语,意在同贺。

后 记

为了适应我国旅游中等职业教育发展的需要,规范教学内容,提高教学质量,根据国家旅游局人事劳动教育司制订的旅游中等职业技术学校饭店服务与管理专业和旅行社导游专业教学计划中的课程设置,在旅游教育出版社的支持下,作者编写了这本教材。本教材为专业基础必修课,其他相关专业也可通用,还可作为旅游饭店和旅行社员工岗位培训的基本读物。

本教材旨在通过教学,使其养成良好的职业习惯,使学生着重了解旅游接待服务礼仪方面的基本知识,初步掌握与之相应的工作礼仪规范,以便满足他们在今后工作岗位上的实际需要。本教材的编者长期从事旅游教育培训工作,熟悉旅游企业对从业人员的素质要求,了解旅游职业技术教育的特点。因此,在教材编写中注重了实用性、知识性、指导性的结合。

本教材自1994年问世以来,历经多次修订已日趋成熟完善。这次修订是在本教材成为教育部职业教育与成人教育司推荐教材后,所作的又一次锤炼和提高。因此本着与时俱进的态度,在保持原有特色的基础上,对某些已发生变化的内容作了及时的更新,也对某些表述作了适当的修改,还对某些文字作了必要的增删,使其更加符合中职教改精神,以适应教学的实际需要。本书包含网络教学资源包,包括课件和配套练习题答案,以便任课老师参考之用。

本书由上海锦江国际集团教育培训中心胡世福编写。在本教材的编写和修订过程中,编者曾参阅了一些有关著作,得到了有益的启发,谨此向所有的专家、学者一并表示由衷的谢意。在此还要特别鸣谢礼仪专家胡静波在本书编写和历次修订中给予的悉心指导和宝贵建议。

编 者